지은이

김지완

유학 ▓▓▓▓▓▓▓▓▓▓▓▓▓▓▓▓▓ 말하기 능력을 깨우치고
자 ▓▓▓▓▓▓▓▓▓▓▓▓▓▓▓▓▓ ▓가가 된 영어교육자이
다. ▓▓▓▓▓▓▓▓▓▓▓▓▓▓▓▓ 30영어와 3030스쿨을
설립 ▓▓▓▓▓▓▓▓▓▓▓▓▓▓▓▓▓▓ 기도 하다. 중학교 2학
년 때 영국으로 유학을 떠나 Wycliff College 부속 중학교, King's School,
Rochester 고등학교를 다니다 졸업을 1년 앞두고 미국에 있는 University
of Michigan, Ann Arbor에 들어갔다. 대학 재학 중 잠시 귀국한 것이 계기
가 되어 본격적으로 영어강의를 시작했다. 10대부터 70대, 사회 초년생부터
주부, 기업의 임원들에 이르기까지 다양한 수준의 영어 학습자들을 만나면
서 한국 교육 환경에 가장 적합한 자신만의 영어 학습법을 개발하게 되었다.
이 방법을 군 생활 중 틈틈이 책으로 엮은 것이 바로 30만 독자가 열광
한 〈3030 English〉 말하기 시리즈이다. 현재는 영어학원 프랜차이즈
3030영어(www.3030eng.com)와 왕초보 영어 말하기 인강 3030잉글리시
(www.3030english.com)를 운영하며 대한민국의 '안 되는 영어'를 '되는 영어'로
바꾸기 위해 노력 중이다. 저서로는 〈3030 English〉 말하기 시리즈와 《토익
공부 하지 마》, 《밑줄 따라 말하는 영어동화》 등의 영어 관련 서적, 《무엇이든
해내는 슈퍼맨 실천법 30》과 같은 자기계발 서적이 있다.

김영욱

초·중·고등학교를 싱가포르에서 다녔으며 영국 중고등과정인 O-levels,
A-Levels를 마치고 미국 University of Michigan, Ann Arbor에 입학했다.
A-Levels 영어, 토플, 토익 모두 A+와 만점을 받았으며, 대학교 2학년에 연세
대학교 중어중문학과로 편입하여 중국어도 마스터했다. SAT, SSAT, TOEFL,
TOEIC, Writing을 학원에서 가르치고, 영자 문화월간지 100% Seoul Life
Magazine의 편집장도 지냈지만 2006년 BAT 코리아에 Management
Trainee 신입사원으로 입사했다. 2008년 런던 본사 근무, 2014년 BAT 폴란
드 인사부 디렉터로 일했으며, 현재는 BAT 런던 본사에서 인사부 전무로 재직
중이다.

KB116759

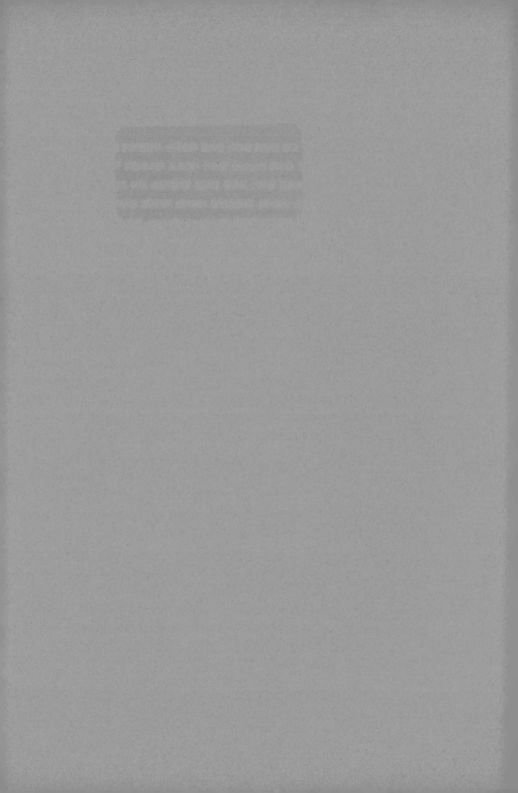

3030₁탄
English 듣기

3030 English 듣기 1탄

1판 1쇄 발행 2015. 3. 13.
1판 6쇄 발행 2019. 3. 2.

지은이 김지완·김영욱

발행인 고세규
편집 성화현 | 디자인 길하나

발행처 김영사
등록 1979년 5월 17일(제406-2003-036호)
주소 경기도 파주시 문발로 197(문발동) 우편번호 10881
전화 마케팅부 031)955-3100, 편집부 031)955-3200 | 팩스 031)955-3111

값은 뒤표지에 있습니다.
ISBN 978-89-349-7028-6 04740
      978-89-349-7027-9(세트)

홈페이지 www.gimmyoung.com   블로그 blog.naver.com/gybook
페이스북 facebook.com/gybooks   이메일 bestbook@gimmyoung.com

좋은 독자가 좋은 책을 만듭니다.
김영사는 독자 여러분의 의견에 항상 귀 기울이고 있습니다.

이 도서의 국립중앙도서관 출판시도서목록(CIP)은 서지정보유통지원시스템 홈페이지
(http://seoji.nl.go.kr)와 국가자료공동목록시스템(http://www.nl.go.kr/kolisnet)에서
이용하실 수 있습니다.(CIP제어번호 : CIP2015006054)

3030 English 듣기

삼공삼공

1탄

하루 30분씩 30일이면
중학교 교과서가 들린다

김지완·김영욱 지음

김영사

Hello

안녕하세요! 〈3030 English〉 듣기 시리즈의 저자 김지완, 김영욱입니다!

한번 이런 시나리오를 가정해봅시다.

여러분에게 한국어를 막 배우기 시작한 미국인 친구가 한 명 있습니다. 최근에 한국어 공부를 위해 한국어 청취 교재 '한국어로 9시 뉴스 듣기'를 한 권 구매했는데 막상 음원을 들어보니 성우의 발음은 너무 빨라 도저히 따라갈 수 없고, 연음 현상 때문에 단어와 단어는 뭉개져서 들리고, 또 뜻을 알 수 없는 이상한 단어는 왜 이렇게 많느냐며… 볼멘소리를 늘어놓습니다.

어디서 많이 본 듯한 상황 아닌가요?

그동안 우리가 영어 청취를 하며 겪었던 모습과 비슷하지 않나요? 과연 이 한국어 왕초보 학습자의 문제점은 무엇일까요? 바로 자신의 수준에 비해 너무 어려운 교재를 선택했다는 것입니다. 영어를 학습하는 대다수 왕초보 학습자들도 이와 마찬가지입니다. 실제 자신의 영어 실력은 고려하지 않고 의욕에 넘쳐 영어 청취를 시작해보겠다며 미국 성인들이 듣는 미드 청취나 뉴스 청취를 교재로 덥석 선택한다면, 성공할 가능성이 과연 얼마나 될까요?

그래서 저는 왕초보 학습자들에게 항상 이렇게 조언합니다.

제대로 된 영어 청취를 하고 싶다면,

첫째, 성우의 발음이 분명하고,

둘째, 대화의 속도는 너무 빠르지 않으며,

셋째, 내용이 너무 어렵지 않은 일상 생활회화 수준의 교재를 선택하라.

다시 말해 자기 수준에 맞는 교재를 선택하라고 조언합니다.

물론 여기에 듣는 재미까지 더해진다면야 금상첨화겠죠?

이런 교재!!!

당장 영어 왕초보에게 권하고 싶은 청취 교재가 바로 〈3030 English〉 듣기 시리즈입니다. 흥미는 UP, 부담감과 지루함은 DOWN, 중학교 교과서 듣기로 시작해 고등학교 교과서 듣기를 넘어 영화 듣기와 뉴스 듣기까지, 기초부터 차근차근 실력을 쌓고자 하는 분들을 위한 맞춤형 교재입니다.

리스닝을 단순히 소리를 듣는 연습이라고 생각하면 큰 오산입니다. 상대방이 전달하고자 하는 내용을 이해하고 그 핵심을 간파하는 것이 진정한 리스닝 스킬입니다. 마치 사투리를 쓰는 사람과 대화할 때 상대방의 억양이 아무리 억세고, 중간중간 지역 방언을 사용한다 할지라도 같은 한국인이라면 상대방이 전달하고자 하는 요지를 이해할 수 있는 것처럼, 영어도 설사 내가 모르는 단어가 나오고, 원어민이 우리 귀에 익숙한 억양을 사용하지 않는다 할지라도, 말의 요지를 이해할 수 있는 방법이 있습니다. 이 책은 여러분들이 이런 리스닝 스킬을 체득할 수 있도록 훈련시켜 줄 것입니다.

〈3030 English〉 듣기 시리즈를 통해 제가 주야장천 하는 말이 있습니다.
"영어로 말을 해봐야 영어로 말을 할 수 있습니다."
영어 청취라고 다를까요? 절대 그렇지 않습니다.
영어 청취도 마찬가지입니다.
"영어를 늘어봐야 영어를 들을 수 있습니다."
오늘부터 하루 3개, 30일 동안 총 90개의 지문을 들으며 영어 듣기의 세계로 빠져보시기 바랍니다.
영어를 자꾸 들다 보면 결국엔 영어가 들릴 것입니다.

This book is

〈3030 English〉 듣기 시리즈를 소개합니다.
듣기 본문은 각 권의 난이도에 따라 단어, 문법, 표현 그리고 원어민 성우의
말하기 속도를 적절히 차별화하였습니다.

:: 듣기 1탄 '하루 30분씩 30일이면 중학교 교과서가 들린다'

중학교 영어 교과서야말로 이제 막 영어 청취의 세계에 첫발을 내디딘 왕
초보들에게 최고의 입문서라 할 수 있을 것입니다. 〈3030 English〉 듣기
1탄은 중학교 영어 교과서, 약 20종의 문제집, 참고서, 듣기·독해 교재를
조사·분석한 결과를 바탕으로 왕초보 학습자 수준에 딱 맞는 단어와 표
현 그리고 테마로 구성한 교재입니다. 각 지문에 딸린 세 개의 문항은 실
제 중학교 영어 기출문제의 난이도 분석과 유형 분석을 통해 중학교 교과
서 수준에 맞춰 출제하였습니다.

:: 듣기 2탄 '하루 30분씩 30일이면 고등학교 교과서가 들린다'

〈3030 English〉 듣기 1탄으로 왕초보 딱지를 뗀 초·중급 학습자들을 위
한 〈3030 English〉 듣기 2탄은 고등학교 영어 교과서, 약 20종의 문제집,
참고서, 듣기·독해 교재를 조사·분석한 결과를 바탕으로 초·중급 학습
자들이 꼭 알아야 하는 단어와 표현 그리고 테마로 구성한 교재입니다.
각 지문에 딸린 세 개의 문항은 실제 고등학교 영어 기출문제의 난이도
분석과 유형 분석을 통해 고등학교 교과서 수준에 맞춰 출제하였습니다.

❖ 듣기 3탄 '하루 30분씩 30일이면 영화가 들린다' (근간)

중급자의 길에 막 들어선 학습자들의 좀 더 재미있는 청취학습을 위해 영화 속 하이라이트 장면들만 따로 모아놓은 교재입니다. 기존 영화 청취 교재들은 대부분 한 편의 영화로 구성되어 있어 영화의 처음부터 끝까지 모두 듣느라 지루한 반면, 듣기 3탄은 영화의 꽃이라 할 수 있는 클라이맥스 장면들로만 구성되어 있어 처음부터 끝까지 팽팽한 긴장감과 재미가 이어집니다. 또 액션, 멜로, 드라마, 코미디 등 다양한 장르의 대화로 구성되어 있어 여러 상황의 대화를 체험해볼 수 있는 장점도 있습니다. 각 지문에 딸린 세 개의 문항은 학습자가 대화의 뉘앙스를 얼마나 잘 이해했는지 평가하는 데 초점이 맞춰져 있습니다.

❖ 듣기 4탄 '하루 30분씩 30일이면 뉴스가 들린다' (근간)

듣기 4탄은 영어 청취에 어느 정도 자신감이 생긴 중급 이상 학습자들에게 적절한 교재입니다. 실제 뉴스 기사들로 구성되어 있어 지문 모두 생동감이 넘치며 너무 길지도 너무 어렵지도 않은 기사들로만 구성되어 있어 영어뉴스 청취 입문자용으로 딱 좋습니다. 또한 시사, 비즈니스, 명사 인터뷰, 스포츠 등 다양한 분야의 뉴스로 구성되어 있어 흥미로운 뉴스를 연달아 듣는 듯한 재미도 있습니다. 각 지문에 딸린 세 개의 문항은 학습자가 뉴스의 핵심을 얼마나 잘 파악했는지 평가하는 것에 초점이 맞춰져 있습니다.

Contents

하루 중 함께 보내는 시간은 짧지만(?) 존재함만으로도 가장 큰 힘이 되어주는 가족. 그들에게 전하고 싶은 다양한 말, 칭찬, 서운함, 위로 그리고 사랑의 말까지⋯. Lap 4 청취를 통해 가족 간의 이런 다양한 표현들을 자신의 것으로 만들어보세요.

Lap 5에서는 하나의 특정한 테마가 아닌 다양한 테마 속 일상적인 표현들을 들어보도록 하겠습니다. Day 27까지 다양한 상황의 지문을 80개도 넘게 들어보았는데, 영어 청취에 자신감이 좀 생기셨나요? 자신감이 막 솟아오른다고요? ^^ 그럼 Lap 5를 얼른 끝내고 좀 더 수준 높은 지문들로 구성되어 있는 〈3030 English〉 듣기 2탄으로 서둘러 Level up!하시기 바랍니다.

게임의 법칙 1 to 7

아래 게임의 법칙대로 3일 정도만 열심히 따라 해보면
"영어 리스닝 나도 할 수 있겠다!"란 자신감이 생기리라 확신합니다.

1. 청취 교재이므로 꼭 MP3 음원을 들으며 책을 봐야 합니다.
2. MP3 음원을 듣고 매일차 첫 페이지 "듣고 풀자!"의 듣기 문항 3개를 진지하게
   풀어봅니다. 이때 절대 다음 페이지로 넘겨 듣기 지문을 커닝하지(?) 않습니다.
3. "듣고 풀자!"의 문제들을 다 풀었다면, 다음 페이지로 넘겨 정답을 확인합니다.
4. "다시 듣고 해석해보자!"의 지문을 눈으로 읽으며 다시 한 번 듣습니다.
5. "다시 듣고 해석해보자!"가 속한 좌측 페이지는 한 손으로 가린 채 MP3 음원을
   듣고 우측 페이지 "듣고 받아써보자!"의 빈칸 받아쓰기를 합니다.
   (좌측의 지문을 보고 적으면 아무런 학습효과를 얻을 수 없으므로 반드시 좌측 페이지는
   손으로 가리고 받아쓰기에 임합니다.)
6. 다 받아쓴 후 같은 페이지 하단의 정답을 확인합니다.
7. 다음 페이지로 넘겨 "바꿔 말해보자!"의 한글 문장들을 영어로 바꿔 말해봅니다.
   (잘 모르겠어도 포기하지 말고 일단 영어로 바꿔 말해본 후 하단의 정답을 확인합니다.)

영어 청취를 하는 하루 딱 30분 동안은 다른 생각 다 버리고
오직 영어 듣기에만 몰입하시기 바랍니다.
그래야 정말 깜짝 놀랄 만한 효과를 볼 수 있습니다.

Lap**1**
Getting
Acquainted

의사소통의 목적으로
'관계형성'은 빼놓을 수 없죠?

친구, 연인, 가족, 직장 동료와 매일매일 나누는 말들을
영어로 표현할 수 있는 그날까지 열심히 듣고 따라 해보세요.

귀에는 이상이 없다!

가끔 청력에 이상이 있는 건 아닌지 의심스럽기도 하지만… 우리말이라면 선
잠을 자는 와중에도 머리에 입력되고, 심지어 안 들으려고 해도 들릴 때가 있
다. 그런데 영어는 선잠 아니라 화들짝 깨어 있는 상태인데도, 온 신경을 말소
리에 집중하고 있어도 여간해선 뭔 소린지 잘 안 들어온다. 우리말처럼 이해가
안 되니 영어로 쌀라쌀라하는 소리는 개 짖는 소리와 다를 바 없다. 이런 소음
이 의미를 가진 언어로 들릴 때의 희열과 성취감이란… 새로운 세상이 열리는
기분이다. 이제 그 맛을 우리도 느껴보자!

1. 듣고 풀자!   DAY-1일차

청취지문은 절대로 커닝하지 말고 시험 보는 학생의 마음으로 진지하게 풀어보세요!

1) 남자가 두려워하는 것은?

   a 고양이
   b 강아지
   c 쥐
   d 거북이

2) 다음 중 사실인 것은?

   a The man likes hamsters.
   b The man has a hamster.
   c The man has never seen a hamster.
   d The man thinks mice are cute.

▲ mice는 mouse의 복수형이므로 복수 취급

3) What pet does Betty have?

   a She has a cat.
   b She has a kitten.
   c She has a turtle.
   d She has a dog.

▲ kitten 새끼 고양이   turtle 거북이

지문을 눈으로 읽어 내려가며 다시 한 번 집중해서 들어보세요!

David	Do you have any pets, Betty?
Betty	I have a puppy and two hamsters.
David	What is a hamster?
Betty	It is a cute furry animal which looks like a mouse.
David	Really? I have never seen one before.
Betty	Maybe next time I could show it to you.
David	No, thanks. I am afraid of mice.

데이비드	베티, 너 애완동물 키우는 거 있어?
베티	강아지 한 마리와 햄스터 두 마리가 있어.
데이비드	햄스터가 뭐지?
베티	생쥐처럼 생긴 귀엽고 털이 있는 동물이야.
데이비드	그래? 난 그거 한 번도 본 적 없는데.
베티	내가 다음에 보여줄게.
데이비드	아냐, 됐어. 난 쥐를 무서워해.

정답 1c2c3d

○ pet 애완동물　　hamster 햄스터　　furry 털이 난

2. 듣고 풀자!

청취지문은 절대로 커닝하지 말고 시험 보는 학생의 마음으로 진지하게 풀어보세요!

1) Rose가 주말에 한 것은?

a   놀이공원에 갔다.
b   학교에 갔다.
c   PC방에 갔다.
d   시장에 갔다.

2) 둘의 감정 상태를 가장 잘 나타낸 것은?

a   Friendly
b   Nervous
c   Angry
d   Sad

▲ friendly 친근한, 친한   angry 화난   nervous 긴장한   sad 슬픈

3) What did James do during the weekend?

a   He played Starcraft.
b   He went to Lotte World.
c   He studied for his final exam.
d   He fixed his computer.

▲ final exam 기말고사   fix 고치다

지문을 눈으로 읽어 내려가며 다시 한 번 집중해서 들어보세요!

James	How are you, Rose?
Rose	Hello James. I am fine, thanks. ~~How about you?~~
James	I am not too bad, thank you.
Rose	What did you do during the ~~weekend~~?
James	I went to Lotte World with ~~my family~~.
	It was a lot of fun.
Rose	Really? I went to the market with my ~~mother~~.

제임스	안녕, 로즈?
로즈	안녕, 제임스. 난 잘 지내, 고마워. 넌 어때?
제임스	그럭저럭, 고마워.
로즈	주말에 뭐 했어?
제임스	가족들이랑 롯데월드에 갔어. 정말 재미있었어.
로즈	그랬어? 난 엄마와 시장에 갔는데.

정답 1d2a3b

○ during ~동안　　fun 재미　　market 시장

3. 듣고 풀자!

청취지문은 절대로 커닝하지 말고 시험 보는 학생의 마음으로 진지하게 풀어보세요!

1) Joe가 그동안 바빴던 이유는?

  a   피아노 수업 때문에.
  b   할머니 병간호 때문에.
  c   무용 연습 때문에.
  d   학교 공부 때문에.

2) Mary가 피아노를 배우는 이유는?

  a   She wants to be a pianist.
  b   Her mom wants her to learn it.
  c   Her father is a pianist.
  d   She is a pianist.

> want to be ~이 되기를 원하다

3) What has Mary been doing?

  a   She has been taking piano lessons.
  b   She has been studying music.
  c   She has been praying in the church.
  d   She has been learning yoga.

> pray 기도하다   yoga 요가

3. 다시 듣고 해석해보자!

DAY - 1일차

지문을 눈으로 읽어 내려가며 다시 한 번 집중해서 들어보세요!

Mary	Long time no see. How have you been, Joe?
Joe	I have been busy with school work. How about you?
Mary	I've been busy taking piano lessons.
Joe	Why? Are you going to be a pianist?
Mary	No, my mother makes me take these lessons.
Joe	I want to learn to play the piano, too. Can you teach me?

메리	오랜만이야. 어떻게 지냈니, 조?
조	난 학교 공부 때문에 바빴어. 넌?
메리	난 피아노 레슨 받느라고 바빴어.
조	왜? 너 피아니스트가 될 거니?
메리	아니, 엄마가 레슨 받게 시키셨어.
조	나도 피아노 배우고 싶은데. 네가 가르쳐줄래?

정답 1d2b3a

- How have you been?은 How are you?의 현재완료 형태. '그동안 어떻게 지냈니?'란 뜻.
school work 학교 일, 즉 문맥상 학교 공부인 것을 알 수 있다.
화자가 선생일 경우에 '학교 일'이란 가르치는 것이 될 수 있다.

18 3030 English 듣기 1탄

답안을 커닝하면 아무런 학습효과도 볼 수 없습니다. 답안을 가리고 받아쓰기에 임하세요!

1. Do you have any ____, Betty?

2. I have a ____ and two hamsters.

3. I ____ one before.

4. I ____ mice.

5. How ____ you?

6. I am not ____ , thank you.

7. What did you do ____ the weekend?

8. It was ____ fun.

9. Long time ____ see.

10. How have you ____ , Joe?

11. I've been busy ____ .

12. Are you going to be a ____ ?

정답 1 pets 2 puppy 3 have never seen 4 am afraid of 5 about 6 too bad 7 during
8 a lot of 9 no 10 been 11 taking piano lessons 12 pianist

바꿔 말해보자!

DAY - 1일차

한글 문장들을 영어로 바꿔 말해보세요! 혹시 잘 모르겠어도 일단 용감하게 도전해보세요!

1. 너 주말에 뭐 했어?

2. 너 피아니스트가 될 거니?

3. 나 강아지 한 마리와 햄스터 두 마리가 있어.

4. 조, 너 어떻게 지냈니?

5. 그럭저럭, 고마워.

6. 넌 어때?

7. 너무 재미있었어.

8. 난 쥐를 무서워해.

9. 오랜만이야.

10. 난 피아노 레슨 받느라고 바빴어.

11. 베티, 너 애완동물 키우는 거 있어?

12. 난 그거 한 번도 본 적 없는데.

정답 1 What did you do during the weekend? 2 Are you going to be a pianist? 3 I have a puppy and two hamsters. 4 How have you been, Joe? 5 I am not too bad, thank you. 6 How about you? 7 It was a lot of fun. 8 I am afraid of mice. 9 Long time no see. 10 I've been busy taking piano lessons. 11 Do you have any pets, Betty? 12 I have never seen one before.

20 3030 English 듣기 1탄

청취지문은 절대로 커닝하지 말고 시험 보는 학생의 마음으로 진지하게 풀어보세요!

1) Tom이 방문했던 장소는?

a 음식점
b 백화점
c 호텔
d 병원

2) Susan이 Tom에게 가르쳐준 것은?

a You have to use chopsticks in Korea.
b You have to bow to a waiter.
c You can't laugh during the meal.
d You don't have to leave a tip.

▲ bow (허리를 굽혀) 절하다   laugh 웃다

3) Where is Tom staying?

a Korea
b U. S. A.
c Japan
d Indonesia

▲ Indonesia 인도네시아

1. 다시 듣고 해석해보자!

지문을 눈으로 읽어 내려가며 다시 한 번 집중해서 들어보세요!

Susan	Hi, Tom. How are you enjoying your stay in Korea?
Tom	It is great. But there is something I don't understand.
Susan	What is it?
Tom	I went to a restaurant and after my meal, I tipped the waiter.
Susan	Oh, in Korea you don't have to leave a tip.
Tom	I didn't know that. Now I know why the waiter looked at me with a strange face.
Susan	Remember, it is not compulsory to leave a tip after your meal.

수전	안녕, 톰. 한국에서 지내는 거 어때?
톰	아주 좋아. 근데 내가 이해가 안 되는 어떤 일이 있어.
수전	뭔데?
톰	식당에 가서 밥을 먹은 후에 내가 웨이터에게 팁을 줬거든.
수전	아, 한국에서는 팁을 줄 필요가 없어.
톰	몰랐지. 이제야 왜 웨이터가 날 이상한 표정으로 봤는지 알겠다.
수전	기억해둬, 여기에서는 식사 후에 꼭 팁을 남기지 않아도 돼.

정답 1a2d3a

○ tip 팁을 주다(동사), 팁(명사)　　have to 반드시 ~해야 하다
compulsory 의무적인, 필수의

2. 듣고 풀자!

청취지문은 절대로 커닝하지 말고 시험 보는 학생의 마음으로 진지하게 풀어보세요!

1) 오늘은 무슨 요일인가?

a 화요일
b 목요일
c 토요일
d 일요일

2) Jack이 Peter에게 부탁한 것은?

a to do his homework
b to pay for him
c to save his seat
d to cook dinner for him

▲ pay for ~를 대신하여 지불하다

3) Why is Peter in a hurry?

a He has to go to work.
b He has to go to the library.
c He has to go for a driving test.
d He wants to go to a toilet.

▲ driving test 운전면허시험   toilet 화장실

2. 다시 듣고 해석해보자!

지문을 눈으로 읽어 내려가며 다시 한 번 집중해서 들어보세요!

Jack	Why are you in such a hurry, Peter?
Peter	I have to go to the library.
Jack	It's Saturday, so you should have plenty of time.
Peter	All the seats will be taken if I go late.
Jack	Can you save me a seat as well?
Peter	Of course.

잭	피터, 너 왜 그렇게 서두르니?
피터	나 도서관에 가야 돼.
잭	오늘은 토요일이라서 시간이 충분할 텐데.
피터	늦게 가면 자리가 없을 거야.
잭	내 자리도 좀 맡아줄래?
피터	물론이야.

정답 1c2c3b

○ be in a hurry 서두르다   plenty of 충분한, 다수, 많음   seat 자리

3. 듣고 풀자!

청취지문은 절대로 커닝하지 말고 시험 보는 학생의 마음으로 진지하게 풀어보세요!

1) 다음 중 사실인 것은?

a Tim은 운동선수이다.
b Tim은 이탈리아 사람이다.
c Tim은 미국 선수를 좋아한다.
d Tim은 이탈리아 선수를 좋아한다.

2) 다음 중 Tim이 좋아하는 축구선수의 국적은?

a Germany
b France
c Argentina
d Brazil

▲ France 프랑스   Argentina 아르헨티나

3) What is Tim's favorite sport?

a Dodge ball
b Soccer
c Water polo
d Rugby

▲ dodge ball 피구   water polo 수구

3. 다시 듣고 해석해보자!

DAY - 2일차

지문을 눈으로 읽어 내려가며 다시 한 번 집중해서 들어보세요!

John	What is your favorite sport, Tim?
Tim	My favorite sport is soccer.
John	Who is your favorite player?
Tim	I can't remember his name but he is from Brazil.
John	So, he must be Brazilian.
Tim	I also like Italian players.

존	팀, 네가 좋아하는 운동은 뭐니?
팀	축구야.
존	좋아하는 선수는 누군데?
팀	이름은 기억 못 하겠는데 브라질 출신이야.
존	그럼, 그는 브라질 사람이구나.
팀	난 이탈리아 선수들도 좋아해.

정답 1d2d3b

O favorite 가장 좋아하는   remember 기억하다

듣고 받아써보자!

답안을 커닝하면 아무런 학습효과도 볼 수 없습니다. 답안을 가리고 받아쓰기에 임하세요!

1. How are you _____ your stay in _____?

2. But there is _____ I don't understand.

3. _____ is it?

4. I didn't _____ that.

5. Why are you in such a _____, Peter?

6. I _____ go to the library.

7. Can you save me a seat _____?

8. _____.

9. What is your _____ sport, Tim?

10. My favorite sport is _____.

11. Who is your _____?

12. So, he _____ Brazilian.

정답 1 enjoying/Korea 2 something 3 What 4 know 5 hurry 6 have to 7 as well
8 Of course 9 favorite 10 soccer 11 favorite player 12 must be

바꿔 말해보자!

한글 문장들을 영어로 바꿔 말해보세요! 혹시 잘 모르겠어도 일단 용감하게 도전해보세요!

1. 그게 뭔데?

2. 너 왜 그렇게 서두르니, 피터?

3. 물론이야.

4. 팀, 네가 좋아하는 운동은 뭐니?

5. 한국에서 지내는 거 어때?

6. 내가 좋아하는 운동은 축구야.

7. 네가 좋아하는 선수는 누구니?

8. 그럼, 그는 브라질 사람이구나.

9. 근데 내가 이해가 안 되는 어떤 일이 있어.

10. 그건 몰랐지.

11. 나 도서관에 가야 돼.

12. 내 자리도 좀 맡아줄래?

정답 1 What is it? 2 Why are you in such a hurry, Peter? 3 Of course. 4 What is your favorite sport, Tim? 5 How are you enjoying your stay in Korea? 6 My favorite sport is soccer. 7 Who is your favorite player? 8 So, he must be Brazilian. 9 But there is something I don't understand. 10 I didn't know that. 11 I have to go to the library. 12 Can you save me a seat as well?

1. 듣고 풀자! DAY-3일차

청취지문은 절대로 커닝하지 말고 시험 보는 학생의 마음으로 진지하게 풀어보세요!

1) Kim의 이웃이 키우는 애완동물은?

a 강아지
b 햄스터
c 이구아나
d 고양이

2) Kim의 개 이름은?

a Beethoven
b Laura
c Sosa
d Einstein

▲ Beethoven 베토벤   Einstein 아인슈타인

3) Where's Kim's dog going?

a It's going after a cat.
b It's going to the lake.
c It's going after a puppy.
d It's going to the playground.

▲ lake 호수   playground 운동장

1. 다시 듣고 해석해보자!

지문을 눈으로 읽어 내려가며 다시 한 번 집중해서 들어보세요!

Ben	Where is your dog going, Kim?
Kim	It is running after the neighbor's cat.
Ben	Don't you have to go after it?
Kim	Don't worry. It always finds its way back home.
Ben	It must be a really smart dog. What's its name?
Kim	Einstein.

벤	너네 집 개는 어디로 가는 거니, 킴?
킴	옆집 고양이를 쫓아가는 거야.
벤	안 따라가봐도 되겠어?
킴	걱정 마. 우리 개는 항상 집을 찾아와.
벤	정말 똑똑한 개구나. 이름이 뭐야?
킴	아인슈타인.

정답 1d2d3a

○ neighbor 이웃 go after ~을 따라가다 smart 똑똑한, 영리한

2. 듣고 풀자!

청취지문은 절대로 커닝하지 말고 시험 보는 학생의 마음으로 진지하게 풀어보세요!

1) 두 사람의 대화 주제는?

a 꿈

b 학업

c 올림픽

d 운동회

2) Randy가 자신이 훌륭한 선수가 될 수 있다고 믿는 근거는?

a Because he is fat.

b Because he is short.

c Because he is tall.

d Because he is chubby.

▲ fat 뚱뚱한, 지방의   chubby 토실토실한

3) What does Randy want to be?

a He wants to be a baseball player.

b He wants to be a poet.

c He wants to be a teacher.

d He wants to be a musician.

▲ poet 시인   musician 음악가

2. 다시 듣고 해석해보자!

지문을 눈으로 읽어 내려가며 다시 한 번 집중해서 들어보세요!

David	Randy, what do you want to be when you grow up?
Randy	I want to be a famous baseball player.
David	What position would you play?
Randy	I want to be a pitcher.
David	Aren't you too tall to be a pitcher?
Randy	I don't think so. I think I will be a better player because I am taller.

데이비드	랜디, 넌 커서 뭐가 되고 싶어?
랜디	난 유명한 야구선수가 되고 싶어요.
데이비드	어떤 포지션을 할 건데?
랜디	투수가 되고 싶어요.
데이비드	투수가 되기에는 키가 너무 크지 않니?
랜디	나는 그렇게 생각하지 않아요. 키가 크니까 더 훌륭한 선수가 될 거예요.

정답 1a2c3a

○ grow up 자라다   pitcher 투수

3. 듣고 풀자!

청취지문은 절대로 커닝하지 말고 시험 보는 학생의 마음으로 진지하게 풀어보세요!

1) 두 사람의 대화 주제는?

a   Jill의 가방
b   Jill의 남자친구
c   Jack의 가방
d   Jack의 누나

2) Jack이 Jill에게 고마워하는 이유는?

a   She bought him a purse.
b   She gave him a ride.
c   She told him the difference between a purse and a wallet.
d   She gave him a present.

> between A and B   A와 B 사이에

3) What is Jack carrying?

a   A suitcase
b   A purse
c   A backpack
d   A briefcase

> suitcase 여행용 가방   briefcase 서류가방   backpack 배낭

지문을 눈으로 읽어 내려가며 다시 한 번 집중해서 들어보세요!

Jill	Jack, why are you carrying a purse?
Jack	This is a wallet.
Jill	No, it looks like a purse. Is it your sister's?
Jack	I thought it was a wallet. That is why I am using it.
Jill	Well, boys shouldn't be using purses.
Jack	Thank you for letting me know the difference between a purse and a wallet.

질	잭, 너 왜 핸드백을 들고 다녀?
잭	이건 남성용 가방이야.
질	아니, 그건 핸드백처럼 보여. 너네 누나 거니?
잭	난 남성용 가방인 줄 알았어. 그래서 사용하는 건데.
질	음, 남자는 핸드백을 안 쓰지.
잭	핸드백하고 남성용 가방의 차이점을 알려줘서 고마워.

정답 1c2c3b

○ purse 여성용 지갑, 핸드백   wallet 남성용 지갑, 서류가방
difference 차이, 다른 점

답안을 커닝하면 아무런 학습효과도 볼 수 없습니다. 답안을 가리고 받아쓰기에 임하세요!

1. Where is your dog _____, Kim?

2. It is _____ the neighbor's cat.

3. Don't you have to _____ it?

4. Don't _____.

5. Randy, what do you want to be when you _____?

6. I want to be a _____ baseball player.

7. Aren't you _____ to be a pitcher?

8. I don't _____.

9. Jack, why are you _____ a purse?

10. This is a _____.

11. I _____ it _____ a wallet.

12. That is _____ I am _____ it.

바꿔 말해보자!

한글 문장들을 영어로 바꿔 말해보세요! 혹시 잘 모르겠어도 일단 용감하게 도전해보세요!

1. 난 그게 남성용 가방인 줄 알았어.

2. 그래서 난 그걸 사용하는 건데.

3. 안 따라가봐도 되겠어?

4. 잭, 너 왜 핸드백을 들고 다녀?

5. 이건 남성용 가방이야.

6. 넌 투수가 되기에는 키가 너무 크지 않니?

7. 랜디, 넌 커서 뭐가 되고 싶어?

8. 저는 유명한 야구선수가 되고 싶어요.

9. 나는 그렇게 생각하지 않아요.

10. 걱정 마.

11. 킴, 너네 집 개는 어디로 가는 거니?

12. 그건 옆집 고양이를 쫓아가는 거야.

정답 1 I thought it was a wallet. 2 That is why I am using it. 3 Don't you have to go after it? 4 Jack, why are you carrying a purse? 5 This is a wallet. 6 Aren't you too tall to be a pitcher? 7 Randy, what do you want to be when you grow up? 8 I want to be a famous baseball player. 9 I don't think so. 10 Don't worry. 11 Where is your dog going, Kim? 12 It is running after the neighbor's cat.

1. 듣고 풀자! DAY-4일차

청취지문은 절대로 커닝하지 말고 시험 보는 학생의 마음으로 진지하게 풀어보세요!

1) 남자가 예상하는 승자는?

a 중국
b 영국
c 한국
d 프랑스

2) 남자와 여자가 다짐한 것은?

a They will cheer for England.
b They will not watch the game.
c They will buy the tickets.
d They will cheer for Korea.

▲ cheer for ~를 응원하다

3) What are they talking about?

a The Korean War
b The Cold War
c A sports game
d The final exam

▲ The Korean War 한국전쟁   The Cold War 냉전

1. 다시 듣고 해석해보자!

1. 다시 듣고 해석해보자!

DAY - 4일차

지문을 눈으로 읽어 내려가며 다시 한 번 집중해서 들어보세요!

Sam	Who do you think is going to win the game tonight?
Jill	I think it is hard to say. What about you?
Sam	I expect Korea to win.
	But England is also a very strong team.
Jill	Maybe the game will end in a draw.
Sam	No, this is the final game and
	there is going to be only one winner.
Jill	In that case, I hope Korea wins.
Sam	Yes, let's cheer for Korea together.

샘	넌 오늘 밤 경기에서 누가 이길 거 같아?
질	그건 말하기 어려운데. 넌 어때?
샘	난 한국 팀이 이기길 기대하고 있어.
	근데 영국 팀도 아주 강한 팀이야.
질	경기가 동점으로 끝날지도 몰라.
샘	아니야, 이 경기가 결승이라서 오직 한 팀만 우승자가 될 거야.
질	그렇다면, 난 한국이 이기길 바라.
샘	응, 우리같이 한국 팀을 응원하자.

정답 1c2d3c

> **○** hard to say 말하기 어려운 expect 기대하다 draw 비기다, 동점
> In that case 그런 경우라면(그렇다면)

2. 듣고 풀자!

청취지문은 절대로 커닝하지 말고 시험 보는 학생의 마음으로 진지하게 풀어보세요!

1) 여자가 언급한 게임의 단점은?

a 시간을 많이 뺏는다.

b 비용이 비싸다.

c 내용이 선정적이다.

d 저장 공간을 많이 차지한다.

2) 다음 중 사실인 것은?

a Sue likes computer games.

b Sue often plays computer games.

c Sue wants Sam to play with her.

d Sue doesn't play computer games.

▲ often 종종

3) What are they talking about?

a A new computer

b A computer game

c A computer class

d A computer gammer

▲ computer 컴퓨터   class 수업, 학급

2. 다시 듣고 해석해보자!

지문을 눈으로 읽어 내려가며 다시 한 번 집중해서 들어보세요!

Sam	Have you tried the new computer game, Sue?
Sue	I'm sorry. I don't play computer games.
Sam	You should try it. It is a lot of fun.
Sue	Really? What is it about?
Sam	It is a role-playing game and it is very exciting.
Sue	Doesn't it take up a lot of your time?
Sam	Yes, that is one of the negative points about playing this game.

샘	수, 너 그 새 컴퓨터 게임 해봤어?
수	미안해. 난 컴퓨터 게임 안 해.
샘	너도 한번 해봐. 정말 재미있어.
수	정말? 뭐에 관한 건데?
샘	그건 역할수행게임이야. 아주 흥미진진해.
수	그런 게임은 네 시간을 너무 많이 빼앗지 않니?
샘	맞아, 그게 이 게임을 하게 될 경우 생기는 단점 중 하나야.

정답 1a 2d 3b

○ role-playing game 게임(역할수행게임)   take up (시간, 장소를) 차지하다, 뺏다
negative 부정적인

3. 듣고 풀자!

청취지문은 절대로 커닝하지 말고 시험 보는 학생의 마음으로 진지하게 풀어보세요!

1) Danny는 누구의 의견에 동의하는가?

a Betty
b Betty의 선생님
c Betty의 부모님
d Betty의 친구

2) 다음 중 사실인 것은?

a Betty wants to go to America.
b Betty's parents want her to go to America.
c Danny thinks Betty should go to America.
d Danny disagrees with Betty's parents.

▲ disagree 반대하다(with)

3) What did Betty get from her American friend?

a An e-mail
b A letter
c A package
d Some flowers

▲ package 소포

3. 다시 듣고 해석해보자!

지문을 눈으로 읽어 내려가며 다시 한 번 집중해서 들어보세요!

Danny	Betty, did you hear from your American friend?
Betty	Yes, he sent me a letter last week.
Danny	Are you going to visit him during the winter vacation?
Betty	I would love to do that. But my parents feel that I shouldn't go.
Danny	Why? What's wrong?
Betty	They think America is too far to travel.
Danny	I have to agree with your parents.

대니	베티, 네 미국 친구에게서 온 소식 들었어?
베티	응, 그 애가 지난주에 편지를 보내왔어.
대니	겨울방학 때 그 애 보러 갈 거야?
베티	그러고 싶은데, 우리 부모님은 내가 가지 않길 바라서.
대니	왜? 뭐가 문제야?
베티	부모님은 미국은 여행하기에 너무 멀다고 생각하시거든.
대니	나도 너희 부모님 말씀에 동의해.

정답 1c2a3b

○ hear from ~의 안부를 듣다, 소식을 듣다   visit 방문하다
would love to ~하고 싶다(=would like to)   far 먼, 멀리 떨어진
travel 여행하다

답안을 커닝하면 아무런 학습효과도 볼 수 없습니다. 답안을 가리고 받아쓰기에 임하세요!

1. I _____ it is _____ to say.

2. I _____ Korea to win.

3. In that case, I _____ Korea _____.

4. Yes, let's _____ Korea together.

5. Have you tried the new _____, Sue?

6. You _____ try it.

7. What is it _____?

8. Doesn't it _____ a lot of your time?

9. Betty, did you _____ your American friend?

10. Yes, he sent me a _____ last week.

11. Are you going to visit him during the _____?

12. I _____ agree with your parents.

바꿔 말해보자!

한글 문장들을 영어로 바꿔 말해보세요! 혹시 잘 모르겠어도 일단 용감하게 도전해보세요!

1. 너도 한번 해봐.

2. 베티, 네 미국 친구에게서 온 소식 들었어?

3. 난 한국 팀이 이기길 기대하고 있어.

4. 응, 그가 지난주에 내게 편지를 보냈어.

5. 겨울방학 때 그 애 보러 갈 거야?

6. 뭐에 관한 건데?

7. 그건 네 시간을 많이 빼앗지 않니?

8. 나도 너희 부모님 말씀에 동의해.

9. 그렇다면, 난 한국이 이기길 바라.

10. 응, 우리 같이 한국 팀을 응원하자.

11. 수, 너 그 새 컴퓨터 게임 해봤어?

12. 그건 말하기 어려운데.

정답 1 You should try it. 2 Betty, did you hear from your American friend? 3 I expect Korea to win. 4 Yes, he sent me a letter last week. 5 Are you going to visit him during the winter vacation? 6 What is it about? 7 Doesn't it take up a lot of your time? 8 I have to agree with your parents. 9 In that case, I hope Korea wins. 10 Yes, let's cheer for Korea together. 11 Have you tried the new computer game, Sue? 12 I think it is hard to say.

1. 듣고 풀자!   DAY-5일차

청취지문은 절대로 커닝하지 말고 시험 보는 학생의 마음으로 진지하게 풀어보세요!

1) Sally는 John에게 어떤 말을 해주고 있나?

a 약속
b 다짐
c 비판
d 격려

2) John이 Sally에게 도와준 것은?

a to swim
b to play the guitar
c to learn English
d to settle in Korea

> ▲ swim 수영하다   settle in ~에 정착하다

3) What is John interested in?

a Korean culture
b Korean schools
c Korean history
d Korean soccer

> ▲ culture 문화   history 역사

지문을 눈으로 읽어 내려가며 다시 한 번 집중해서 들어보세요!

Sally	Hi, John. Has your Korean improved?
John	No, I think Korean is a difficult language to learn.
Sally	Don't give up, John. I am sure you can learn to speak fluent Korean.
John	I hope so. I am really interested in Korean culture.
Sally	As long as you are willing to try, you will definitely succeed.
John	Thank you for your encouragement, Sally.
Sally	No problem. Besides, you helped me with my English.

샐리	안녕, 존. 한국어 실력 좀 늘었니?
존	아니, 내가 생각할 때 한국어는 배우기 어려운 언어인 거 같아.
샐리	포기하지 마, 존. 넌 분명히 한국말을 유창하게 말할 수 있게 배울 거야.
존	그러길 바라. 난 한국 문화에 정말 관심이 많거든.
샐리	네가 노력하려고 하는 이상, 넌 분명히 성공할 거야.
존	격려해줘서 고마워, 샐리.
샐리	천만에. 게다가, 너도 내가 영어하는 거 도와줬잖아.

정답 1d2c3a

○ improve 나아지다, 향상시키다   language 언어   give up 포기하다
fluent 유창한   as long as ~하는 한   be willing to 기꺼이 ~하려 하다
encouragement 격려   besides 게다가

청취지문은 절대로 커닝하지 말고 시험 보는 학생의 마음으로 진지하게 풀어보세요!

1) Sue의 언니에 대한 내용 중 사실인 것은?

a   그녀는 초등학교에 다닌다.

b   그녀는 중학교에 다닌다.

c   그녀는 고등학교에 다닌다.

d   그녀는 대학교에 다닌다.

2) Mike와 Sue의 공통점은?

a   They both have a brother.

b   They both have a sister.

c   They are both engaged.

d   His brother and her sister go to the same school.

▲   both 둘 다   engaged 약혼한

3) Who are the speakers?

a   Mother and a son

b   Siblings

c   Married couple

d   Friends

▲   sibling 형제자매   married 결혼한

2. 다시 듣고 해석해보자!

지문을 눈으로 읽어 내려가며 다시 한 번 집중해서 들어보세요!

Mike	Do you have any sisters, Sue?
Sue	Yes, I have one sister.
Mike	How old is she?
Sue	She is two years older than us.
	She is a freshman in high school.
Mike	Really? My brother is a senior in high school.
Sue	Which school does he attend?
Mike	I think he goes to the same school as your sister.

마이크	수, 너 여자 형제 있어?
수	응, 한 명 있어.
마이크	너희 언니는 몇 살이야?
수	우리보다 두 살 많아. 고등학교 1학년이야.
마이크	그래? 우리 형은 고등학교 3학년이야.
수	어느 학교에 다니는데?
마이크	너희 언니랑 같은 학교에 다니는 것 같아.

정답 1c2d3d

○ freshman 1학년　senior 3학년　attend 다니다, 참석하다

3. 듣고 풀자!

청취지문은 절대로 커닝하지 말고 시험 보는 학생의 마음으로 진지하게 풀어보세요!

1) Mary는 누구와 함께 휴가를 갈 것인가?

a   그녀의 남자친구
b   그녀의 가족
c   그녀의 학교선배
d   그녀의 직장동료

2) Steve가 프랑스를 가장 좋아하는 이유는?

a   Because he saw Eric Cantona.
b   Because he saw the Eiffel Tower.
c   Because he likes wine.
d   Because he thinks French girls are the most beautiful.

▲ Eric Cantona 프랑스의 전설적인 축구선수 에릭 칸토나
   most 가장   beautiful 아름다운

3) Where is Mary going for vacation?

a   North Korea
b   France
c   Australia
d   Jeju Island

▲ Jeju Island 제주도

3. 다시 듣고 해석해보자!

지문을 눈으로 읽어 내려가며 다시 한 번 집중해서 들어보세요!

Steve	Where are you going for vacation, Mary?
Mary	My family is going to Australia.
Steve	I went there last year. It was very exciting.
Mary	Have you been to any other countries?
Steve	I have been to France, Germany and China.
Mary	You have been to many countries. Which one was your favorite?
Steve	I enjoyed my visit to France the most.
Mary	Why?
Steve	It is because I saw the Eiffel Tower.

스티브	메리, 휴가 때 어디 갈 거야?
메리	우리 가족은 호주로 가.
스티브	난 거기 작년에 갔었어. 아주 재미있었어.
메리	다른 나라에 가본 적 있니?
스티브	난 프랑스, 독일 그리고 중국에 가봤어.
메리	여러 나라들을 가봤네. 어디가 제일 좋았어?
스티브	프랑스에 갔던 것이 제일 좋았어.
메리	왜?
스티브	에펠탑을 봤기 때문이야.

정답 1b2b3c

○ last year 작년   country 나라   have been to ~에 가본 적이 있다
because 왜냐하면

듣고 받아써보자!

답안을 커닝하면 아무런 학습효과도 볼 수 없습니다. 답안을 가리고 받아쓰기에 임하세요!

1. Hi, John. _____ your Korean _____?

2. Don't _____, John.

3. I am really interested in Korean _____.

4. Thank you for your _____, Sally.

5. Do you have any _____, Sue?

6. She is two years _____.

7. She is a _____ in high school.

8. Which school does he _____?

9. Where are you going for _____, Mary?

10. My family _____ Australia.

11. You _____ many countries.

12. _____ was your favorite?

바꿔 말해보자!

한글 문장들을 영어로 바꿔 말해보세요! 혹시 잘 모르겠어도 일단 용감하게 도전해보세요!

1. 우리 가족은 호주로 갈 거야.

2. 그녀는 고등학교 1학년이야.

3. 어디가 제일 좋았어?

4. 넌 여러 나라들을 가봤네.

5. 안녕, 존. 한국어 실력은 좀 늘었니?

6. 포기하지 마, 존.

7. 그는 어느 학교에 다니니?

8. 메리, 넌 휴가 때 어디 갈 거야?

9. 난 한국 문화에 정말 관심이 많거든.

10. 그녀는 우리보다 두 살 많아.

11. 격려해줘서 고마워, 샐리.

12. 수, 너 여자 형제 있어?

정답 1 My family is going to Australia. 2 She is a freshman in high school. 3 Which one was your favorite? 4 You have been to many countries. 5 Hi, John. Has your Korean improved? 6 Don't give up, John. 7 Which school does he attend? 8 Where are you going for vacation, Mary? 9 I am really interested in Korean culture. 10 She is two years older than us. 11 Thank you for your encouragement, Sally. 12 Do you have any sisters, Sue?

1. 듣고 풀자!　　DAY-6일차

청취지문은 절대로 커닝하지 말고 시험 보는 학생의 마음으로 진지하게 풀어보세요!

1) Sue가 생각하는 David와 Jim의 공통점은?

a 친절하다.

b 똑똑하다.

c 부지런하다.

d 재미있다.

2) 다음 중 사실인 것은?

a Calvin doesn't like Jim.

b Calvin thinks Jim is friendly.

c Sue is in love with Jim.

d Calvin is angry with Sue.

🔺 be in love with ~와 사랑에 빠지다　be angry with ~에게 화가 나다

3) What does Sue think about David?

a He is good looking.

b He is lazy.

c He is intelligent.

d He is friendly.

🔺 good looking 잘생긴　intelligent 똑똑한

1. 다시 듣고 해석해보자!

지문을 눈으로 읽어 내려가며 다시 한 번 집중해서 들어보세요!

Calvin	Sue, who do you like better, David or Jim?
Sue	I think they are both very nice.
Calvin	I think Jim is better.
Sue	Why?
Calvin	Jim is very friendly and smiles a lot.
Sue	David is also a very friendly person.
Calvin	Really? I didn't know that.
Sue	Maybe he is only nice to girls.

캘빈	수, 넌 누가 좋으니, 데이비드 아니면 짐?
수	둘 다 아주 친절한 거 같아.
캘빈	난 짐이 더 좋은 거 같아.
수	왜?
캘빈	짐은 아주 다정하고 많이 웃잖아.
수	데이비드도 매우 다정한 사람이야.
캘빈	정말? 난 몰랐는데.
수	아마 걔는 여자들한테만 친절한가 봐.

정답 1a2b3d

○ nice 착한, 좋은   friendly 친근한, 다정한

2. 듣고 풀자!

청취지문은 절대로 커닝하지 말고 시험 보는 학생의 마음으로 진지하게 풀어보세요!

1) 다음 Meg에 대한 설명 중 사실 인 것은?

a   Meg은 춤을 잘 춘다.
b   Meg은 노래를 잘 부른다.
c   Meg은 음악밴드를 좋아한다.
d   Meg은 가수가 되고 싶어 한다.

2) Eastlife에 대한 설명으로 옳은 것은?

a   They are ugly.
b   They are movie stars.
c   They are angry.
d   They are musicians.

ugly 못생긴   movie star 영화배우   angry 화난

3) What does Meg like to do?

a   She likes to dance.
b   She likes to listen to music.
c   She likes to compose songs.
d   She likes to write lyrics.

compose 작곡하다   lyric 가사

2. 다시 듣고 해석해보자!

지문을 눈으로 읽어 내려가며 다시 한 번 집중해서 들어보세요!

Danny	Are you a good dancer, Meg?
Meg	Not really. But I like to listen to music.
Danny	Who is your favorite singer?
Meg	My favorite band is Eastlife.
Danny	Who is that?
Meg	They are a band.
Danny	Are they good?
Meg	Yes, They are also very good looking.
Danny	I think I won't like them very much.

대니	너 춤 잘 추니, 메그?
메그	아니 별로. 난 음악 듣는 걸 좋아해.
대니	네가 제일 좋아하는 가수는 누구니?
메그	이스트라이프야.
대니	그게 누군데?
메그	밴드야.
대니	그들은 잘하니?
메그	응, 그들은 매우 잘생기기도 했어.
대니	내 생각에 난 그들을 별로 좋아하지 않을 거 같다.

정답 1c2d3b

○ band 밴드(노래나 연주를 하는 그룹)   good looking 잘생긴

3. 듣고 풀자!

청취지문은 절대로 커닝하지 말고 시험 보는 학생의 마음으로 진지하게 풀어보세요!

1) 남자에 대한 여자의 감정은?

    a   질투

    b   분노

    c   감사

    d   후회

2) 우체국까지 걸어서 얼마나 걸릴까요?

    a   Half an hour

    b   An hour

    c   5 minutes

    d   10 minutes

> hour 1시간   half an hour 30분

3) Where does the woman want to go?

    a   She wants to go to a stationery store.

    b   She wants to go to a supermarket.

    c   She wants to go to a grocery store.

    d   She wants to go to a post office.

> stationery store 문구점   grocery store 식료품 가게

지문을 눈으로 읽어 내려가며 다시 한 번 집중해서 들어보세요!

Woman	Excuse me. Is there a post office around here?
Man	Yes.
Woman	How do I get there?
Man	Go down three blocks.
	You will find it on your left corner.
Woman	How long will it take to walk there?
Man	If you walk fast, you could get there in ten minutes.
Woman	Thank you very much.
Man	Sure, no problem.

여자	실례합니다. 여기 주변에 우체국이 있나요?
남자	네.
여자	어떻게 갈 수 있나요?
남자	아래로 세 블록을 가세요. 왼쪽 코너에 우체국이 있을 거예요.
여자	거기까지 걸어서 가면 얼마나 걸리나요?
남자	빨리 걸으면, 10분이면 갈 거예요.
여자	대단히 고맙습니다.
남자	별말씀을요.

정답 1c2d3d

○ post office 우체국　get 도착하다, 가다, 얻다　fast 빨리

답안을 커닝하면 아무런 학습효과도 볼 수 없습니다. 답안을 가리고 받아쓰기에 임하세요!

1.　Sue, who do you like _____, David or Jim?

2.　I _____ Jim is better.

3.　David is also a very _____.

4.　I didn't _____ that.

5.　Are you a _____, Meg?

6.　Who is your _____?

7.　My favorite _____ is Eastlife.

8.　They are also very _____.

9.　Excuse me, is there a post office _____?

10.　How do I _____?

11.　_____ three blocks.

12.　You will find it _____ corner.

바꿔 말해보자!

한글 문장들을 영어로 바꿔 말해보세요! 혹시 잘 모르겠어도 일단 용감하게 도전해보세요!

1. 너 춤 잘 추니, 메그?

2. 네가 제일 좋아하는 가수는 누구니?

3. 당신은 왼쪽 코너에서 그곳을 찾을 수 있을 거예요.

4. 데이비드도 매우 다정한 사람이야.

5. 난 몰랐는데.

6. 내 생각엔 짐이 더 나은 것 같아.

7. 수, 넌 누가 더 좋으니, 데이비드 아니면 짐?

8. 아래로 세 블록을 가세요.

9. 어떻게 거기에 갈 수 있나요?

10. 내가 가장 좋아하는 밴드는 이스트라이프야.

11. 그들은 매우 잘생기기도 했어.

12. 실례합니다. 여기 주변에 우체국이 있나요?

정답 1 Are you a good dancer, Meg? 2 Who is your favorite singer? 3 You will find it on your left corner. 4 David is also a very friendly person. 5 I didn't know that. 6 I think Jim is better. 7 Sue, who do you like better, David or Jim? 8 Go down three blocks. 9 How do I get there? 10 My favorite band is Eastlife. 11 They are also very good look-ing. 12 Excuse me. Is there a post office around here?

Lap**2**
Friends

친구와 말할 때는
실수도 용서가 되죠.

실수를 두려워하지 말고 맘껏 영어로 수다를 떨어보세요.
그러려면 먼저 들려야겠죠?
다음 대화에서 친구들은 과연 무슨 주제로
저렇게 열을 올리고 떠들어대는지 잘 들어보세요.

그대, 시작은 미미하나 그 끝은 창대하리니!

AFKN 뉴스를 10분 쳐다보고, 알아들은 단어가 고작 six나 president뿐이라면… 더구나 리딩이나 문법은 좀 한다는 사람들이라면… 자존심 무너지는 소리가 들린다. 리스닝 훈련 다들 이렇게 시작한다.

그러다 한 달 작심하고 덤비면 여전히 뭔 소린지는 몰라도 세 단어 이상이 연달아 들리기도 하고, 운 좋은 때는 한 문장이 통째로 들린다. 개중에는 한 달 동안 잠자는 시간 빼고 이어폰을 귀에 꽂고 살다시피 해서 단박에 고급자 수준에 도달했다는 사람도 보았다. 물론 귀 안이 짓물러서 이비인후과를 한 달간 다녀야 했단다. 그러나 여간 급하지 않고서야 그런 쇠심줄 같은 의지력은 잘 안 솟는데… 그럼, 어떻게 리스닝을 정복할까? 설렁설렁 듣지 않고 하루 30분이라도 집중해서 들으면 두세 달 뒤에는 들은 내용의 반은 이해할 수 있으니 이때부터는 슬슬 재미가 난다. 처음엔 word(단어), 다음엔 phrase(구), 그리고 sentence(문장), paragraph(단락)의 순서로 들리기 시작한다. 지금까지 미루기만 했던 듣기 훈련도 재미만 붙이면 어려운 것도 아니다.

청취지문은 절대로 커닝하지 말고 시험 보는 학생의 마음으로 진지하게 풀어보세요!

1) John의 형제들에 대한 설명 중 사실인 것은?

a John을 다정하게 대한다.

b John을 괴롭힌다.

c Sue에게 자상하다.

d Sue에게 무관심하다.

2) 다음 중 사실인 것은?

a John has two younger brothers.

b Sue has a younger sister.

c John has two older brothers.

d Sue loves one of John's brothers.

> ▲ one of 복수명사 ~중 한 명, 하나

3) How many siblings does John have?

a He has a sister.

b He has two sisters.

c He is an only child.

d He has two brothers.

> ▲ only child 외동(아들/딸), 형제 없이 혼자

1. 다시 듣고 해석해보자!

지문을 눈으로 읽어 내려가며 다시 한 번 집중해서 들어보세요!

Sue	John, how many siblings do you have?
John	I have two brothers.
Sue	Are they both younger than you?
John	No, they are both older. I am the youngest.
Sue	Isn't it good to have two older brothers?
John	Not really. They always bully me when my parents are not around.

수	존, 넌 형제가 몇 명이야?
존	두 명 있어.
수	둘 다 너보다 어리니?
존	아니, 둘 다 나보다 위야. 내가 막내야.
수	형이 둘이나 있어 좋지 않니?
존	꼭 그렇지는 않아. 형들이 부모님이 안 계실 때는 늘 나를 괴롭혀.

정답 1b2c3d

O bully 괴롭히다

2. 듣고 풀자!

청취지문은 절대로 커닝하지 말고 시험 보는 학생의 마음으로 진지하게 풀어보세요!

1) 롤러코스터에 대한 Kevin의 여자 형제의 생각은?

a 무섭다.
b 신기하다.
c 재미있다.
d 지루하다.

2) 다음 중 사실인 것은?

a Kevin thinks roller coasters are too scary.
b Kevin doesn't like theme parks.
c Kevin likes roller coasters.
d Kevin likes merry-go-rounds.

▲ scary 겁나는   roller coaster 롤러코스터   theme park 놀이공원
merry-go-round 회전목마

3) What are they talking about?

a Central Park
b An amusement park
c Mr. Park
d Mrs. Park

▲ Central Park 센트럴 파크(뉴욕 중심부에 있는 공원)

2. 다시 듣고 해석해보자!

지문을 눈으로 읽어 내려가며 다시 한 번 집중해서 들어보세요!

Kevin	Have you ever been to an amusement park, Lisa?
Lisa	No, I haven't. What is it like?
Kevin	It is a very exciting place.
	There are many rides, games and events.
Lisa	Are the rides thrilling?
Kevin	Yes, they are.
Lisa	Tell me about them.
Kevin	I like roller coasters very much.
	But my sister says they are too scary.

케빈	너 놀이공원 가본 적 있니, 리사?
리사	아니, 없어. 거긴 어떤데?
케빈	그곳은 아주 흥미로운 곳이야. 놀이기구와 게임
	그리고 이벤트가 많아.
리사	놀이기구는 스릴 있니?
케빈	그럼.
리사	어떤지 말 좀 해줘.
케빈	난 롤러코스터를 좋아하는데 내 여동생은 그게 너무 무섭대.

정답 1a2c3b

○ amusement park 놀이공원　ride 놀이기구
thrilling 스릴 만점의, 아주 신나는　roller coaster 롤러코스터

3. 듣고 풀자!

청취지문은 절대로 커닝하지 말고 시험 보는 학생의 마음으로 진지하게 풀어보세요!

1) 남자의 예상되는 행동은?

a Sally와 함께 갈 것이다.
b Sally가 가지 못하게 막을 것이다.
c 집으로 갈 것이다.
d 컴퓨터실에 갈 것이다.

2) Sally가 집에서 공부하지 않는 이유는?

a Her brother makes too much noise.
b She doesn't have her own room.
c She feels sleepy at home.
d She can't concentrate because of the computer.

▲ own 자기 자신의   sleepy 졸린

3) Where is Sally going?

a To the school
b To the hospital
c To the kindergarten
d To the library

▲ kindergarten 유치원

3. 다시 듣고 해석해보자!

지문을 눈으로 읽어 내려가며 다시 한 번 집중해서 들어보세요!

David	Hi, Sally. Where are you going?
Sally	I am going to the library to study.
David	Really? Why don't you study at home?
Sally	I can't concentrate at home. I am always using the computer.
David	Me, too. Can I come with you to the library?
Sally	Why not?

데이비드	안녕, 샐리. 어디 가니?
샐리	난 도서관에 공부하러 갈 거야.
데이비드	진짜? 왜 집에서 공부 안 하고?
샐리	집에서는 집중이 안 돼. 컴퓨터를 내내 하게 돼.
데이비드	나도 그래. 너랑 같이 도서관에 가도 되니?
샐리	물론이지.

정답 1a2d3d

● concentrate 집중하다   use 사용하다   come with ~와 어디에 가다

답안을 커닝하면 아무런 학습효과도 볼 수 없습니다. 답안을 가리고 받아쓰기에 임하세요!

1. John, how many _____ do you have?

2. Are they both _____ you?

3. I am _____.

4. Isn't it good to have two _____?

5. What is it _____?

6. It is a very _____.

7. Are the rides _____?

8. I like _____ very much.

9. _____ are you going?

10. I am going to the library _____.

11. _____ study at home?

12. Can I _____ to the library?

바꿔 말해보자!

한글 문장들을 영어로 바꿔 말해보세요! 혹시 잘 모르겠어도 일단 용감하게 도전해보세요!

1. 너랑 같이 도서관에 가도 되니?

2. 놀이기구는 스릴 있니?

3. 존, 너 형제가 몇 명이야?

4. 그곳은 아주 흥미로운 곳이야.

5. 내가 가장 어려.

6. 왜 넌 집에서 공부 안 하니?

7. 난 도서관에 공부하러 갈 거야.

8. 그들 둘 다 너보다 어리니?

9. 형이 둘이나 있는 건 좋지 않니?

10. 그건 어떤데?

11. 난 롤러코스터를 매우 좋아해.

12. 너 어디 가니?

정답 1 Can I come with you to the library? 2 Are the rides thrilling? 3 John, how many siblings do you have? 4 It is a very exciting place. 5 I am the youngest. 6 Why don't you study at home? 7 I am going to the library to study. 8 Are they both younger than you? 9 Isn't it good to have two older brothers? 10 What is it like? 11 I like roller coasters very much. 12 Where are you going?

70 3030 English 듣기 1탄

1. 듣고 풀자!   DAY-8일차

청취지문은 절대로 커닝하지 말고 시험 보는 학생의 마음으로 진지하게 풀어보세요!

1) 남자는 얼마나 늦었나?

   a   15분
   b   30분
   c   1시간
   d   1시간 30분

2) 남자의 심경을 가장 잘 나타낸 것은?

   a   Proud
   b   Sorry
   c   Thankful
   d   Tired

▲   proud 자랑스러운   thankful 감사한

3) What time is it now?

   a   1:00 p.m.
   b   1:30 p.m.
   c   3:00 p.m.
   d   3:30 p.m.

▲   p.m. 오후('오전에'나 '오후에'라고 할 때는 in the morning이나 in the afternoon 이라고 한다.)

1. 다시 듣고 해석해보자!

지문을 눈으로 읽어 내려가며 다시 한 번 집중해서 들어보세요!

Peter	Hello, Lisa, Sorry. Am I very late?
Lisa	Yes, you are.
Peter	What time is it?
Lisa	It is half past three. You are half an hour late.
Peter	I am really sorry. Are you angry with me?
Lisa	No, I will just be late next time.

피터	안녕, 리사, 미안해. 내가 너무 늦었니?
리사	응, 늦었어.
피터	몇 신데?
리사	3시 반이야. 30분 늦었어.
피터	정말 미안해. 화났어?
리사	아니, 나도 그냥 다음에 늦을 거야.

정답 1b 2b 3d

○ past (시간이) 지난 (ex) half past two 2시 반
angry with 누구에게 화가 난

2. 듣고 풀자!

청취지문은 절대로 커닝하지 말고 시험 보는 학생의 마음으로 진지하게 풀어보세요!

1) 두 사람의 대화 주제는?

a 여행

b 쇼핑

c 주말계획

d 장래희망

2) 다음 중 사실인 것은?

a David wants to play golf.

b David plays basketball better than Jim.

c Jim is terrible at soccer.

d Jim is better at soccer than basketball.

▲ be terrible at ~에 소질이 없다

3) What are they going to do on Sunday?

a They are going skiing.

b They are going to play basketball.

c They are going to study.

d They are going to a club.

▲ go skiing 스키 타러 가다   club 클럽 또는 무도회장

2. 다시 듣고 해석해보자!

지문을 눈으로 읽어 내려가며 다시 한 번 집중해서 들어보세요!

David	Jim, what are you doing on Sunday?
Jim	Nothing much.
David	Why don't you join us for a game of basketball?
Jim	That would be great.
David	But can you play well?
Jim	I think I am not too bad.
	Actually I am a better soccer player.
David	Maybe we could have a game of soccer after our basketball game.

데이비드	짐, 너 일요일에 뭐 할 거니?
짐	별거 없어.
데이비드	우리랑 농구 한 게임 할래?
짐	그거 좋겠다.
데이비드	근데 너 잘하니?
짐	아주 못하지는 않는 거 같아. 사실 난 축구를 더 잘해.
데이비드	그럼 농구하고 나서 축구도 할 수 있겠다.

정답 1c2d3b

○ nothing much 별 계획 없다, 별일 없다(=not much)
   a game of basketball 정확하게는 '농구 한 게임'이지만 농구 게임이라고 보면 된다.

3. 듣고 풀자!

청취지문은 절대로 커닝하지 말고 시험 보는 학생의 마음으로 진지하게 풀어보세요!

1] 두 사람은 오늘밤 원래 무엇을 하기로 했었나?

a   조별 과제
b   야구 시청
c   생일파티
d   데이트

2] 현재 Jane의 심정은?

a   She is very angry.
b   She understands him.
c   She feels like crying.
d   She feels lonely.

> feel like ~ing   ~하고 싶다

3] What's Joe going to do tonight?

a   He is meeting Jane.
b   He is going to the hospital with his mom.
c   He is going out for dinner.
d   He is going on a business trip.

> go out for dinner 저녁 먹으러 나가다, 저녁을 외식하다
> go on a business trip 출장가다

3. 다시 듣고 해석해보자!

지문을 눈으로 읽어 내려가며 다시 한 번 집중해서 들어보세요!

Joe	Hello. May I speak to Jane, please?
Jane	Yes, this is Jane speaking. Who is this?
Joe	This is Joe.
Jane	Oh, hi, Joe. What's up?
Joe	Well, I'm calling to tell you that I can't make it for our date tonight.
Jane	Is something wrong?
Joe	My mom is sick and I have to go to the hospital with her.
Jane	I'm sorry. Sure, we can arrange to meet on another day.

조	여보세요. 제인과 통화할 수 있을까요?
제인	네, 제가 제인인데요. 누구세요?
조	나 조야.
제인	오, 안녕 조. 웬일이야?
조	음, 오늘 밤 데이트 약속을 못 지킬 것 같아 전화했어.
제인	무슨 일 있니?
조	엄마가 아파서 난 함께 병원에 가봐야 해.
제인	안됐네. 그래 그럼, 우리는 다음에 보는 걸로 약속을 잡아보자.

정답 1d 2b 3b

○ this is 전화상에서 '전 누구입니다'고 할 때 쓰인다.
can't make it 약속을 못 지키다   arrange 계획하다, 약속을 정하다

답안을 커닝하면 아무런 학습효과도 볼 수 없습니다. 답안을 가리고 받아쓰기에 임하세요!

1. Am I very _____ ?

2. It is _____ .

3. You are _____ late.

4. Are you _____ me?

5. Jim, what are you doing _____ ?

6. _____ join us for a game of basketball?

7. That _____ be great.

8. Actually I am a better _____ .

9. May I _____ Jane, please?

10. What's _____ ?

11. Is something _____ ?

12. My mom is sick and I _____ to the hospital with her.

바꿔 말해보자!

한글 문장들을 영어로 바꿔 말해보세요! 혹시 잘 모르겠어도 일단 용감하게 도전해보세요!

1. 3시 반이야.

2. 그거 좋겠다.

3. 엄마가 아파서 난 엄마와 함께 병원에 가봐야 해.

4. 우리랑 농구 한 게임 하는 게 어때?

5. 제인과 통화할 수 있을까요?

6. 짐, 너 일요일에 뭐 할 거니?

7. 웬일이야?

8. 내가 너무 늦었니?

9. 너 나한테 화났니?

10. 사실 난 축구를 더 잘해.

11. 넌 30분 늦었어.

12. 뭐가 잘못되기라도 했니?

정답 1 It is half past three. 2 That would be great. 3 My mom is sick and I have to go to the hospital with her. 4 Why don't you join us for a game of basketball? 5 May I speak to Jane, please? 6 Jim, what are you doing on Sunday? 7 What's up? 8 Am I very late? 9 Are you angry with me? 10 Actually I am a better soccer player. 11 You are half an hour late. 12 Is something wrong?

1. 듣고 풀자!　　DAY-9일차

청취지문은 절대로 커닝하지 말고 시험 보는 학생의 마음으로 진지하게 풀어보세요!

1) 남자는 주말에 어디로 여행을 갈 계획인가?

a 산
b 농장
c 호숫가
d 바닷가

2) 그들은 무엇을 타고 갈까?

a Train
b Airplane
c Caravan
d Truck

> ▲ caravan (주거용, 여행용) 대형차

3) Why can't May go?

a She has a violin lesson.
b She doesn't have enough money.
c She doesn't like swimming.
d She doesn't have a swimming suit.

> ▲ enough 충분한

지문을 눈으로 읽어 내려가며 다시 한 번 집중해서 들어보세요!

Bill	We are going on a trip this weekend. Would you like to join us?
May	Sure, where are you guys going?
Bill	We are going to the beach.
May	How are you going to get there?
Bill	We are planning to take a train.
May	Will you be staying overnight?
Bill	No, we'll be back by 8 p.m.
May	Oh, I just remembered I can't go.
Bill	Why not?
May	I don't have a swimming suit.

빌	이번 주말에 여행 가는데 너도 우리랑 같이 갈래?
메이	좋지. 어디로 가는데?
빌	바닷가로 갈 거야.
메이	뭐 타고 갈 거야?
빌	기차 타고 갈 계획이야.
메이	하룻밤 묵을 거니?
빌	아니. 8시까지 돌아올 거야.
메이	아, 방금 생각났는데 난 못 갈 거 같아.
빌	왜?
메이	수영복이 없어.

정답 1d2a3d

○ go on a trip 여행가다   overnight 1박   swimming suit 수영복

2. 듣고 풀자!

청취지문은 절대로 커닝하지 말고 시험 보는 학생의 마음으로 진지하게 풀어보세요!

1) 남자는 오늘 밤 무엇을 할 계획인가?

a Tom에게 e-mail을 보낼 것이다.
b 식당을 예약할 것이다.
c 콘서트를 보러 갈 것이다.
d Jennifer에게 전화할 것이다.

2) Jennifer의 현재 심경은?

a Disappointed
b Surprised
c Happy
d Curious

▲ disappointed 실망한   curious 호기심 있는   surprised 놀란

3) What did the man send to the woman?

a A package
b An e-mail
c A letter
d A phone call

▲ package 소포

2. 다시 듣고 해석해보자!

지문을 눈으로 읽어 내려가며 다시 한 번 집중해서 들어보세요!

Jeremy   Jennifer, did you receive the e-mail I sent you?

Jennifer   No, I didn't. What was it about?

Jeremy   Well, I had extra tickets to the concert for tonight,
         but you didn't reply so I asked Tom instead.

Jennifer   Are you serious? I really wanted to go to that concert!
         Do you have another ticket?

Jeremy   I am sorry, Jennifer.

Jennifer   Maybe next time then.

제레미   제니퍼, 내가 보낸 이메일 받았니?

제니퍼   아니, 안 받았어. 뭔데?

제레미   내가 오늘밤에 있는 콘서트 티켓이 남아서,
        근데 네가 답장이 없어서 톰한테 대신 물었어.

제니퍼   정말이야? 나 그 콘서트에 진짜로 가고 싶었는데! 표 또 있어?

제레미   미안해, 제니퍼.

제니퍼   그럼 다음번에.

정답 1c2a3b

○ receive 받다   extra 여분의   reply 응답하다

3. 듣고 풀자!

청취지문은 절대로 커닝하지 말고 시험 보는 학생의 마음으로 진지하게 풀어보세요!

1) 오늘 날씨에 대한 Sandy의 생각은?

a   매우 춥다.
b   매우 덥다.
c   바람이 많이 분다.
d   따뜻하다.

2) Sandy의 계획에 대한 남자의 반응은?

a   He disagrees.
b   He wants to join her.
c   He dislikes her idea.
d   He thinks swimming is dangerous.

▲ disagree agree의 반의어로 '반대하다'   dangerous 위험한

3) Where is Sandy going?

a   To the swimming pool
b   To school
c   To the bus station
d   To work

▲ work 여기에서는 '직장'이란 뜻

3. 다시 듣고 해석해보자!

지문을 눈으로 읽어 내려가며 다시 한 번 집중해서 들어보세요!

Peter	What are you doing here, Sandy?
Sandy	I'm waiting for a bus.
Peter	To go to school?
Sandy	No, I'm going to the swimming pool.
Peter	Is the swimming pool hygienic?
Sandy	It isn't very clean, but the weather is too hot.
	Besides, I want to get a tan.
Peter	What a good idea! Can I join you?

피터	너 여기서 뭐 해, 샌디?
샌디	버스를 기다리고 있어.
피터	학교에 가려고?
샌디	아니, 수영장에 가려고.
피터	그 수영장은 위생적이니?
샌디	아주 깨끗하지는 않아, 근데 날씨가 너무 더워.
	게다가, 난 선탠하고 싶어.
피터	좋은 생각이네! 나도 같이 가도 돼?

정답 1b2b3a

○ wait for ~을 기다리다   hygienic 위생적인   besides 게다가   tan 선탠

답안을 커닝하면 아무런 학습효과도 볼 수 없습니다. 답안을 가리고 받아쓰기에 임하세요!

1.   We are _____ this weekend.

2.   Would you like to ____ us?

3.   We _____ take a train.

4.   Will you be ____ overnight?

5.   What was it ____ ?

6.   I really _____ to that concert!

7.   Do you have _____ ?

8.   Maybe _____ then.

9.   What are you ____ here, Sandy?

10. I'm _____ a bus.

11. No, I'm going to the _____ .

12. ____ a good idea!

바꿔 말해보자!

한글 문장들을 영어로 바꿔 말해보세요! 혹시 잘 모르겠어도 일단 용감하게 도전해보세요!

1. 넌 하룻밤 묵을 거니?

2. 난 정말로 그 콘서트에 가고 싶었어!

3. 난 버스를 기다리는 중이야.

4. 그럼 다음번에.

5. 좋은 생각이야!

6. 우리는 기차를 탈 계획이야.

7. 우리와 함께 할래?

8. 아니, 난 수영장에 갈 거야.

9. 여기서 뭘 하고 있니, 샌디?

10. 넌 또 다른 표를 가지고 있니?

11. 우리는 이번 주말에 여행을 갈 거야.

12. 그것은 무엇에 관한 것이었니?

정답 1 Will you be staying overnight? 2 I really wanted to go to that concert! 3 I'm waiting for a bus. 4 Maybe next time then. 5 What a good idea! 6 We are planning to take a train. 7 Would you like to join us? 8 No, I'm going to the swimming pool. 9 What are you doing here, Sandy? 10 Do you have another ticket? 11 We are going on a trip this weekend. 12 What was it about?

1. 듣고 풀자! DAY-10일차

청취지문은 절대로 커닝하지 말고 시험 보는 학생의 마음으로 진지하게 풀어보세요!

1) Dan의 예상되는 현재 기분은?

    a 실망스럽다.
    b 질투가 난다.
    c 행복하다.
    d 슬프다.

2) 대화를 통해 알 수 있는 Dan의 계획은?

    a He wants to go for a walk with Susan.
    b He wants to go cycling with Susan.
    c He wants to go swimming with Susan.
    d He wants to go on a diet with Susan.

▲ go for a walk 산책하다   go on a diet 다이어트 하다

3) What did Dan get for his birthday?

    a Playstation
    b Bicycle
    c Binocular
    d Motorcycle

▲ binocular 쌍안경

1. 다시 듣고 해석해보자!

지문을 눈으로 읽어 내려가며 다시 한 번 집중해서 들어보세요!

Dan	Andrew, do you like my new bike?
Andrew	Wow! Isn't this the new BMX 2000?
Dan	Yes, it is. My father bought it for me for my birthday.
Andrew	You must be really happy.
Dan	Yes, I can't wait to go cycling in the park with Susan.

댄	앤드루, 내 새 자전거 좋지?
앤드루	우와! 이거 혹시 새로 나온 BMX 2000 아냐?
댄	응, 맞아. 우리 아빠가 이걸 내 생일에 사주셨어.
앤드루	너 정말로 좋겠다.
댄	응, 난 수전과 함께 공원으로 자전거 타러 가는 걸 기다릴 수 없을 지경이야.

정답 1c2b3b

○ bike 자전거(=bicycle)   cycling 자전거 타기

88 3030 English 듣기 1탄

2. 듣고 풀자!

청취지문은 절대로 커닝하지 말고 시험 보는 학생의 마음으로 진지하게 풀어보세요!

1) 여자가 예상하는 Jake 엄마의 반응은?

a Jake에게 화를 낼 것이다.
b Jake를 질투할 것이다.
c Jake를 응원할 것이다.
d Jake를 칭찬할 것이다.

2) Jake가 만화책을 산 이유는?

a Because it's more cheap.
b Because it's more interesting.
c Because his mom told him to buy it.
d Because the woman wanted to read it.

▲ cheap 싼   read 읽다

3) What book did Jake buy?

a Comic book
b Novel
c Fairy tale
d Magazine

▲ fairy tale 동화책

지문을 눈으로 읽어 내려가며 다시 한 번 집중해서 들어보세요!

Maggie	Jake, what book did you buy?
Jake	Well, I bought a comic book.
Maggie	Why did you buy a comic book?
	Weren't you supposed to buy a novel?
Jake	Well, yes. But the comic book was more interesting.
Maggie	I am sure your mom is going to be very angry.
Jake	She will never find out.

매기	제이크, 무슨 책 샀니?
제이크	음, 만화책 샀어.
매기	넌 왜 만화책을 샀니? 소설책 사려고 했던 거 아냐?
제이크	음, 맞아. 근데 만화책이 더 재미있어서.
매기	분명히 너희 엄마가 화 많이 내실 거 같아.
제이크	절대로 모르실 거야.

정답 1a2b3a

○ comic book 만화책   novel 소설   find out 발견하다, 알아차리다

3. 듣고 풀자!

청취지문은 절대로 커닝하지 말고 시험 보는 학생의 마음으로 진지하게 풀어보세요!

1) 두 사람은 언제 만날 예정인가?

a   화요일
b   목요일
c   토요일
d   일요일

2) 다음 중 사실인 것은?

a   Bryan will join them.
b   Bryan is Scott's friend.
c   Michael doesn't like Bryan.
d   Michael is a computer gammer.

▲   join 가입하다, 같이 하다

3) What are they going to do?

a   They are going to play a sports game.
b   They are going to a friend's house.
c   They are going to play computer games.
d   They are going to study.

▲   sports game 스포츠 경기   study 공부하다

지문을 눈으로 읽어 내려가며 다시 한 번 집중해서 들어보세요!

Michael	Scott, why don't you come over to my house on Tuesday?
Scott	Why, Michael?
Michael	I was hoping to play computer games with you.
Scott	Sure, as long as you don't ask Bryan to join us.
Michael	Why not? Isn't he your friend as well?
Scott	Yes, he is my good friend. But he is better than me.
Michael	Okay, if you insist.

마이클	스콧, 화요일에 우리 집에 오지 않을래?
스콧	왜, 마이클?
마이클	너랑 컴퓨터 게임 하고 싶어서.
스콧	좋지, 네가 브라이언만 안 부르면.
마이클	왜 안 돼? 그 애도 네 친구 아냐?
스콧	맞아, 그 애는 내 좋은 친구야. 하지만 그가 나보다 더 잘해서.
마이클	좋아, 네가 정 그렇다면.

정답 1a2b3c

○ come over to ~에 가다   insist 주장하다

답안을 커닝하면 아무런 학습효과도 볼 수 없습니다. 답안을 가리고 받아쓰기에 임하세요!

1. Andrew, _____ my new bike?

2. My father _____ it for me for my birthday.

3. You _____ really happy.

4. I _____ go cycling in the park with Susan.

5. Why did you buy a _____?

6. _____ you supposed to buy a novel?

7. But the comic book was _____.

8. She will never _____.

9. Scott, why don't you _____ to my house on Tuesday?

10. I was _____ play computer games with you.

11. Isn't he your friend _____?

12. But he is _____ me.

정답 1 do you like 2 bought 3 must be 4 can't wait to 5 comic book 6 Weren't
7 more interesting 8 find out 9 come over 10 hoping to 11 as well 12 better than

한글 문장들을 영어로 바꿔 말해보세요! 혹시 잘 모르겠어도 일단 용감하게 도전해보세요!

1. 그녀는 절대 알아내지 못할 거야.

2. 하지만 만화책이 더 재미있었어.

3. 난 너와 함께 컴퓨터 게임을 하길 바랐어.

4. 넌 왜 만화책을 샀니?

5. 그도 네 친구 아니니?

6. 넌 정말로 행복하겠구나.

7. 앤드루, 넌 내 새 자전거가 좋니?

8. 하지만 그는 나보다 더 잘해.

9. 스콧, 화요일에 우리 집에 오지 않을래?

10. 너는 소설책을 사려고 했던 거 아냐?

11. 난 수전과 함께 공원으로 자전거 타러 가는 걸 기다릴 수 없어.

12. 우리 아빠가 그것을 내 생일에 사주셨어.

정답 1 She will never find out. 2 But the comic book was more interesting. 3 I was hoping to play computer games with you. 4 Why did you buy a comic book? 5 Isn't he your friend as well? 6 You must be really happy. 7 Andrew, do you like my new bike? 8 But he is better than me. 9 Scott, why don't you come over to my house on Tuesday? 10 Weren't you supposed to buy a novel? 11 I can't wait to go cycling in the park with Susan. 12 My father bought it for me for my birthday.

1. 듣고 풀자!   DAY - 11일차

청취지문은 절대로 커닝하지 말고 시험 보는 학생의 마음으로 진지하게 풀어보세요!

1) 여자는 어버이날 무엇을 할 계획인가?

   a 용돈을 드릴 것이다.
   b 깜짝파티를 열 것이다.
   c 책을 선물할 것이다.
   d 꽃을 선물할 것이다.

2) 남자가 돈이 없는 이유는?

   a He lost all his money.
   b He gave his money to his friend.
   c He spent a lot of money on buying comic books.
   d His parents never give him any pocket money.

▲ spend on ～에 (시간, 돈을) 쓰다

3) What's the man going to buy his dad for Father's Day?

   a A comic book
   b A pencil
   c A car
   d A pen

▲ comic book 만화책

1. 다시 듣고 해석해보자!

지문을 눈으로 읽어 내려가며 다시 한 번 집중해서 들어보세요!

Man	What are you getting your father for Father's Day?
Woman	I was planning on giving him a surprise party.
Man	Wow! I'm sure your father would be very happy.
Woman	What about you?
Man	I was thinking of buying him a pen.
Woman	Really? Just one?
Man	Yes, I have no choice. I spent all my pocket money on buying comic books.

남자	아버지날에 아빠한테 뭐 사드릴 거니?
여자	깜짝파티를 해드릴까 하는데.
남자	와! 너희 아빠가 분명히 아주 행복해하실 거야.
여자	넌 어때?
남자	난 펜을 하나 사드릴까 생각 중인데.
여자	그래? 겨우 펜 하나?
남자	응, 달리 방법이 없어. 만화책들을 사느라 내 용돈을 전부 써버렸어.

정답 1b 2c 3d

> ○ Father's Day 아버지날. 미국에는 아버지날, 어머니날이 따로 있다.
> surprise party 깜짝파티   pocket money 용돈

2. 듣고 풀자!

청취지문은 절대로 커닝하지 말고 시험 보는 학생의 마음으로 진지하게 풀어보세요!

1) 두 사람은 무엇에 대해 이야기 하고 있나?

a 목욕
b 취미
c 건강
d 운동

2) 다음 중 사실인 것은?

a Susan doesn't like to sweat.
b Susan doesn't like sports.
c Susan needs to take a shower.
d The man is angry with Susan.

▲ sweat 땀을 흘리다   take a shower 샤워를 하다

3) What does the man want to do?

a He wants to stay inside.
b He wants to go for a jog.
c He wants to go to the library.
d He wants to go shopping.

▲ inside 실내, 안에

2. 다시 듣고 해석해보자!

지문을 눈으로 읽어 내려가며 다시 한 번 집중해서 들어보세요!

Brian	Shall we go for a jog, Susan?
Susan	In this hot weather?
Brian	Why not? Don't you like to exercise?
Susan	Yes, I do. But the weather is too hot.
Brian	You will feel great after exercising.
Susan	No, I will feel hot and sticky.
Brian	I guess you are not the athletic type.
Susan	Yes, I am. But I just don't like to sweat.

브라이언	우리 조깅하러 갈까, 수전?
수전	이 더운 날씨에?
브라이언	왜 안 돼? 너 운동하는 거 안 좋아해?
수전	아니, 좋아해. 근데 날씨가 너무 더워서.
브라이언	운동하고 나면 기분이 아주 좋을 거야.
수전	아니, 덥고 끈적거릴 거 같아.
브라이언	넌 운동 체질이 아닌 거 같다.
수전	아니야. 하지만 난 단지 땀 흘리는 걸 좋아하지 않을 뿐이야.

정답 1d2a3b

○ jog 조깅, 조깅하다   sticky 끈적끈적한   athletic 체육의, 운동선수용의

3. 듣고 풀자!

청취지문은 절대로 커닝하지 말고 시험 보는 학생의 마음으로 진지하게 풀어보세요!

1) 남자는 크리스마스에 무엇을 할 예정인가?

a 가족과 시간을 보낼 것이다.
b 여행을 갈 것이다.
c 쇼핑하러 갈 것이다.
d 교회에 갈 것이다.

2) 대화가 끝나고 일어날 상황으로 가장 적절한 것은?

a They are going to church.
b They are going bowling.
c They are going swimming.
d They are going shopping.

▲ go bowling 볼링 치러 가다   together 같이, 함께

3) What is Sue going to do on Christmas?

a She is going to a party.
b She is going skiing.
c She is going to church.
d She is going to watch TV at home.

▲ go skiing 스키 타러 가다

3. 다시 듣고 해석해보자!

지문을 눈으로 읽어 내려가며 다시 한 번 집중해서 들어보세요!

James	Sue, what are you doing on Christmas day?
Sue	I think I will be going to church. What about you?
James	I will probably spend time with my family.
Sue	Did you buy Christmas gifts for your family?
James	Not yet.
Sue	Me, too. Why don't we go shopping together?
James	Sounds good. How about right now?

제임스	수, 크리스마스에 뭐 할 거니?
수	난 교회에 갈 거 같아. 넌 언제?
제임스	난 아마도 가족과 시간을 보낼 것 같아.
수	가족들에게 줄 크리스마스 선물 샀니?
제임스	아니, 아직.
수	나도 마찬가지야. 우리 같이 쇼핑갈까?
제임스	좋아. 지금 바로 가는 게 어때?

정답 1a2d3c

○ gift 선물   why don't we ~? 우리 ~하는 게 어때?(=Let's ~)
go shopping 쇼핑하러 가다   right now 지금 당장

답안을 커닝하면 아무런 학습효과도 볼 수 없습니다. 답안을 가리고 받아쓰기에 임하세요!

1. I was _____ giving him a surprise party.

2. _____ you?

3. I was _____ buying him a pen.

4. I ___ all my pocket money ___ buying comic books.

5. _____ go for a jog, Susan?

6. You will _____ after exercising.

7. I guess you are not the _____ type.

8. But I just _____ sweat.

9. Sue, what are you doing _____?

10. I think I will be _____.

11. Why don't we _____ together?

12. How about _____?

바꿔 말해보자!

한글 문장들을 영어로 바꿔 말해보세요! 혹시 잘 모르겠어도 일단 용감하게 도전해보세요!

1. 난 만화책들을 사는 데 내 용돈을 전부 써버렸어.

2. 하지만 단지 난 땀 흘리는 걸 좋아하지 않을 뿐이야.

3. 운동하고 나면 기분이 아주 좋을 거야.

4. 난 깜짝파티를 해드릴까 하는데.

5. 우리 함께 쇼핑하러 가는 게 어때?

6. 난 그에게 펜을 하나 사드릴까 생각 중인데.

7. 지금 당장 어때?

8. 우리 조깅하러 갈까, 수전?

9. 넌 어때?

10. 수, 넌 크리스마스에 뭐 할 거니?

11. 내가 보기엔 넌 운동 체질이 아닌 거 같아.

12. 난 교회에 갈 거 같아.

정답 1 I spent all my pocket money on buying comic books. 2 But I just don't like to sweat. 3 You will feel great after exercising. 4 I was planning on giving him a surprise party. 5 Why don't we go shopping together? 6 I was thinking of buying him a pen. 7 How about right now? 8 Shall we go for a jog, Susan? 9 What about you? 10 Sue, what are you doing on Christmas day? 1-1 I guess you are not the athletic type. 12 I think I will be going to church.

청취지문은 절대로 커닝하지 말고 시험 보는 학생의 마음으로 진지하게 풀어보세요!

1) Lisa의 새 휴대폰에 대한 남자의 생각은?

a 비싸다고 생각한다.
b 예쁘다고 생각한다.
c 낡았다고 생각한다.
d 투박하다고 생각한다.

2) 다음 중 사실인 것은?

a Lisa's new cell phone is very expensive.
b Tim doesn't like Lisa's new cell phone.
c Lisa doesn't have a cell phone.
d Lisa's parents never buy her expensive presents.

> ⬆ parent 부모님   present 선물

3) What does Lisa think about her new cell phone?

a She thinks it's pretty.
b She dislikes it.
c She thinks it's too expensive.
d She thinks it's too big.

> ⬆ dislike 싫어하다 big 큰 expensive 비싼

지문을 눈으로 읽어 내려가며 다시 한 번 집중해서 들어보세요!

Tim	Is that your new cell phone, Lisa?
Lisa	Yes, it is.
Tim	It looks very pretty.
Lisa	Thank you. I like it very much.
Tim	Was it very expensive?
Lisa	I don't think so. My parents never buy me expensive gifts.
Tim	Why?
Lisa	They say that I am too young to use expensive items.

팀	저 새 휴대폰 네 거니, 리사?
리사	응, 맞아.
팀	아주 예뻐 보인다.
리사	고마워. 아주 맘에 들어.
팀	아주 비쌌니?
리사	아닐 거야. 우리 부모님은 절대로 비싼 선물은 안 사주셔.
팀	왜?
리사	내가 비싼 걸 쓰기에는 너무 어리다고 말씀하셔.

정답 1b2d3a

○ cell phone 휴대폰(=mobile phone)　　item 품목, 물건

2. 듣고 풀자!

청취지문은 절대로 커닝하지 말고 시험 보는 학생의 마음으로 진지하게 풀어보세요!

1) Sally가 펜팔에 대해 언급한 것은?

a 많은 친구를 사귈 수 있다.

b 문화와 언어를 배울 수 있다.

c 학업에 도움이 된다.

d 각 나라를 여행할 수 있다.

2) 다음 중 사실인 것은?

a Sally doesn't like her pen-pals.

b Sally wants to be Joe's pen-pal.

c Joe wants to be Sally's pen-pal.

d Joe wants Sally to introduce her pen-pals to him.

▲ introduce 소개하다

3) Where are Sally's pen-pals from?

a Japan and North Korea

b France and Germany

c East Timor and Singapore

d Japan and China

▲ East Timor 동티모르

지문을 눈으로 읽어 내려가며 다시 한 번 집중해서 들어보세요!

Joe	Sally, do you have any pen-pals?
Sally	Yes, I do.
Joe	How many do you have?
Sally	I have pen-pals in Japan and China.
Joe	It must be very interesting writing to each other.
Sally	Yes, it is. I learn about their culture and language.
Joe	Can you introduce me to your pen-pal friends?

조	샐리, 너 펜팔 친구 있니?
샐리	응, 있어.
조	몇 명이나 있어?
샐리	일본과 중국에 펜팔 친구들이 있어.
조	서로 편지 쓰면 정말 재미있겠다.
샐리	응, 맞아. 난 그들의 문화와 언어에 대해서 배워.
조	네 펜팔 친구들에게 나를 소개해줄 수 있니?

정답 1b2d3d

○ pen-pal 펜팔   each other 서로   culture 문화   language 언어

3. 듣고 풀자!

청취지문은 절대로 커닝하지 말고 시험 보는 학생의 마음으로 진지하게 풀어보세요!

1) 여자에 대한 내용으로 옳은 것은?

a   데이비드를 싫어한다.

b   데이비드를 존경한다.

c   데이비드를 돕고자 한다.

d   데이비드와 말다툼을 했다.

2) 다음 중 사실인 것은?

a   David loves Tom's sister.

b   David is a playboy.

c   David loves the woman.

d   David thinks Tom's sister is like his own sister.

playboy 바람둥이

3) Why does David look so sad?

a   Because he had an argument with Tom.

b   Because he had a car accident.

c   Because he lost his puppy.

d   Because he failed his driving test.

accident 사고   fail 실패하다, 떨어지다

지문을 눈으로 읽어 내려가며 다시 한 번 집중해서 들어보세요!

Cathy	Why do you look so sad, David?
David	I had an argument with Tom.
Cathy	What happened? I thought he was your best friend.
David	Yes, he is. But yesterday we had a misunderstanding.
Cathy	Can you tell me about it? Maybe I can help.
David	Tom thinks that I like his sister.
	And he is not happy about it.
Cathy	Really? Do you?
David	No way. Tom's sister is like my own sister.

캐시	너 왜 그렇게 슬퍼 보여, 데이비드?
데이비드	톰과 말다툼을 했거든.
캐시	무슨 일인데? 난 그 애가 너의 가장 친한 친구인 줄 알았는데.
데이비드	응, 맞아. 근데 어제 오해가 있었어.
캐시	무슨 오해인지 말해줄래? 아마 내가 도울 수 있을지 모르지.
데이비드	톰은 내가 자기 여동생을 좋아한다고 생각해. 그게 싫은 거야.
캐시	정말? 너 좋아해?
데이비드	절대 아니야. 톰의 여동생은 내 여동생 같아.

정답 1c2d3a

○ argument 말다툼, 언쟁   misunderstanding 오해

들고 받아써보자!

답안을 커닝하면 아무런 학습효과도 볼 수 없습니다. 답안을 가리고 받아쓰기에 임하세요!

1. It _____ very _____ .

2. I like it _____ .

3. My parents never buy me _____ .

4. They say that I am _____ expensive items.

5. _____ do you have?

6. It _____ very interesting writing to each other.

7. I _____ their culture and language.

8. Can you _____ me _____ your pen-pal friends?

9. I _____ an _____ Tom.

10. But yesterday we had a _____ .

11. Tom _____ I like his sister.

12. Tom's sister is _____ my own sister.

정답 1 looks/pretty 2 very much 3 expensive gifts 4 too young to use 5 How many 6 must be 7 learn about 8 introduce/to 9 had/argument with 10 misunderstanding 11 thinks that 12 like

바꿔 말해보자!

한글 문장들을 영어로 바꿔 말해보세요! 혹시 잘 모르겠어도 일단 용감하게 도전해보세요!

1. 넌 나를 너의 펜팔 친구들에게 소개해줄 수 있니?

2. 난 그걸 아주 많이 좋아해.

3. 그런데 어제 우린 오해가 있었어.

4. 톰의 여동생은 내 여동생 같아.

5. 우리 부모님은 내게 절대 비싼 선물은 사주지 않으셔.

6. 톰은 내가 그의 여동생을 좋아한다고 생각해.

7. 난 톰과 말다툼을 했어.

8. 그들은 내가 비싼 물건을 쓰기엔 너무 어리다고 말하지.

9. 서로 편지를 쓰는 건 매우 재미있을 게 분명해.

10. 그건 아주 예뻐 보여.

11. 난 그들의 문화와 언어에 대해 배워.

12. 넌 얼마나 많이 가지고 있니?

정답 1 Can you introduce me to your pen-pal friends? 2 I like it very much. 3 But yesterday we had a misunderstanding. 4 Tom's sister is like my own sister. 5 My parents never buy me expensive gifts. 6 Tom thinks that I like his sister. 7 I had an argument with Tom. 8 They say that I am too young to use expensive items. 9 It must be very interesting writing to each other. 10 It looks very pretty. 11 I learn about their culture and language. 12 How many do you have?

1. 듣고 풀자! DAY -13일차

청취지문은 절대로 커닝하지 말고 시험 보는 학생의 마음으로 진지하게 풀어보세요!

1) 남자에 대한 설명 중 옳은 것은?

a SF 영화를 좋아한다.
b 코미디 영화를 좋아한다.
c 영웅을 좋아한다.
d 악당을 좋아한다.

2) 다음 중 사실인 것은?

a Jill loves action movies.
b Jill thinks action movies are interesting.
c Jack thinks action movies are boring.
d Jill thinks action movies are boring.

boring 지루한

3) What kind of movies does Jack like?

a He likes action movies.
b He likes romantic movies.
c He likes horror movies.
d He doesn't like movies.

horror movie 공포 영화   romantic movie 로맨스 영화

지문을 눈으로 읽어 내려가며 다시 한 번 집중해서 들어보세요!

Jack	Hey, Jill. What kind of movies do you like?
Jill	I like romantic movies. What about you?
Jack	I like action movies or comedies.
Jill	I feel that action movies are boring.
Jack	Why?
Jill	It is because the hero always wins and kills all the bad guys himself.
Jack	Not all the time.

잭	안녕, 질. 넌 어떤 종류의 영화를 좋아하니?
질	난 로맨스 영화를 좋아해. 넌 어때?
잭	난 액션이나 코미디 영화를 좋아해.
질	액션 영화는 지루한 거 같아.
잭	왜?
질	왜냐하면 영웅 한 명이 늘 승리하고 혼자서 악당을 다 해치우잖아.
잭	항상 그렇지만은 않아.

정답 1b2d3a

○ feel 여기서 쓰인 feel은 think와 같은 의미   hero 영웅

2. 듣고 풀자!

청취지문은 절대로 커닝하지 말고 시험 보는 학생의 마음으로 진지하게 풀어보세요!

1) Bruce 아버지의 직업은?

a 의사
b 선생님
c 사업가
d 변호사

2) 다음 중 Jane의 충고는?

a Bruce should study harder.
b Bruce should go to a university.
c Bruce should get a girl friend.
d Bruce should concentrate on one job.

⚑ concentrate on ~에 집중하다

3) What does Bruce want to be when he grows up?

a He wants to be a doctor.
b He wants to be a nurse.
c He wants to be a vegetarian.
d He wants to be both a vet and a businessman.

⚑ vegetarian 채식주의자   vet 수의사(=veterinarian)

2. 다시 듣고 해석해보자!

지문을 눈으로 읽어 내려가며 다시 한 번 집중해서 들어보세요!

Jane	What does your father do, Bruce?
Bruce	He is a businessman.
Jane	Do you want to be a businessman when you grow up?
Bruce	I am not sure, Jane. But I like animals.
Jane	Are you going to be a vet?
Bruce	Maybe I could be both.
Jane	I think you should concentrate on only one occupation.

제인	너희 아버지는 뭘 하시니, 브루스?
브루스	사업가세요.
제인	넌 커서 사업가가 되고 싶어?
브루스	잘 모르겠어요, 제인. 근데 난 동물이 좋아요.
제인	수의사가 될 거니?
브루스	아마 둘 다 될 수도 있겠지요.
제인	내 생각에는 한 가지 직업에만 집중하는 게 좋을 거 같다.

정답 1c2d3d

○ What does S do? S의 직업이 뭘까?   grow up 자라다, 성장하다
both 둘 다   occupation 직업(=job)

3. 듣고 풀자!

청취지문은 절대로 커닝하지 말고 시험 보는 학생의 마음으로 진지하게 풀어보세요!

1) 남자에 대한 여자의 충고는?

a 따뜻한 옷을 입어라.

b 비싼 옷을 입어라.

c 화려한 옷을 입어라.

d 날씨에 적절한 옷을 입어라.

2) 남녀의 감정 상태를 가장 잘 나타낸 것은?

a Friendly

b Nervous

c Angry

d Sad

🔺 friendly 다정한   nervous 신경이 예민한

3) Why does the man feel so hot?

a Because he is wearing a coat.

b Because he is wearing a suit.

c Because he is wearing a turban.

d Because he is wearing a black T-shirt.

🔺 suit 양복   turban 터번(이슬람 교도들이 머리에 두르는 것)

3. 다시 듣고 해석해보자!

지문을 눈으로 읽어 내려가며 다시 한 번 집중해서 들어보세요!

Man	Why do I feel so hot today?
Woman	It is probably because you are wearing a black T-shirt on such a sunny day.
Man	You must be right.
Woman	Next time, please wear a more appropriate outfit.
Man	Yes, I will definitely take note of that.
Woman	Besides, I think black is not your color.

남자	오늘 왜 이렇게 덥지?
여자	아마도 이렇게 볕이 나는데 네가 검은 티셔츠를 입고 있기 때문일 거야.
남자	네 말이 맞는 거 같다.
여자	다음번엔, 제발 좀 더 적당한 옷을 입어.
남자	그래, 그 충고 꼭 새겨들을게.
여자	게다가 검은색은 너한테 잘 안 어울리는 거 같아.

정답 1d2a3d

○ sunny 햇볕이 나는   appropriate 적절한, 적합한
take note of that 그 말을 새겨듣다

듣고 받아써보자!

답안을 커닝하면 아무런 학습효과도 볼 수 없습니다. 답안을 가리고 받아쓰기에 임하세요!

1. _____ movies do you like?

2. I like _____ or comedies.

3. I feel that action movies are _____.

4. Not _____.

5. _____ does your father ___, Bruce?

6. Do you want to be a businessman when you _____?

7. _____ you _____ be a vet?

8. Maybe I could be _____.

9. Why do I ___ so ___ today?

10. You _____ right.

11. _____, please wear a more appropriate outfit.

12. Yes, I will definitely _____ that.

정답 1 What kind of 2 action movies 3 boring 4 all the time 5 What/do 6 grow up
7 Are/going to 8 both 9 feel/hot 10 must be 11 Next time 12 take note of

바꿔 말해보자!

한글 문장들을 영어로 바꿔 말해보세요! 혹시 잘 모르겠어도 일단 용감하게 도전해보세요!

1. 너희 아버지는 뭘 하시니, 브루스?

2. 넌 수의사가 될 거니?

3. 난 액션 영화가 지루하게 느껴져.

4. 다음번엔, 제발 좀 더 적절한 옷을 입으렴.

5. 오늘 왜 이렇게 덥지?

6. 난 액션 영화나 코미디 영화를 좋아해.

7. 네 말이 맞는 게 분명해.

8. 그래, 확실히 그것을 새겨들을게.

9. 항상 그런 건 아냐.

10. 넌 어떤 종류의 영화를 좋아하니?

11. 아마 난 둘 다 될 수도 있겠지.

12. 넌 커서 사업가가 되고 싶니?

정답 1 What does your father do, Bruce? 2 Are you going to be a vet? 3 I feel that action movies are boring. 4 Next time, please wear a more appropriate outfit. 5 Why do I feel so hot today? 6 I like action movies or comedies. 7 You must be right. 8 Yes, I will definitely take note of that. 9 Not all the time. 10 What kind of movies do you like? 11 Maybe I could be both. 12 Do you want to be a businessman when you grow up?

Lap**3**
In School

선생님 앞에만 서면
움츠러드는 경험 있으시죠?

당당하게 손 번쩍 들고
하고 싶은 말을 다하려면
이런 표현들이 필수입니다.

추억의 받아쓰기 다시 해보자!

리스닝에서 귀가 번쩍 뜨이는 새 세상을 경험하려면 꼭 거쳐야만 하는 통과의 례가 있는데, 그것이 바로 받아쓰기다. 문제는 초등학교 1학년 때 하던 받아쓰기와는 강도가 다르다는 것이다. 은근과 끈기를 필요로 하는 혹독한 트레이닝이기 때문이다. 30초짜리 지문 하나 받아쓰자고 30분, 아니 1시간 동안 MP3를 백 번도 넘게 돌리는 무던함과 play와 replay 버튼을 줄기차게 눌러줄 끈질김이 있어야 한다. 그러나 이건 초보 때, 한 쪽 귀로 들어온 것이 고스란히 반대편 귀로 빠져나갈 때 잠시 하는 것이니 기함을 하진 말자. 이 훈련의 목적은 초보가 정확한 듣기 습관을 기르기 위함이다. 이 과정을 거치지 않으면 잘 들리는 몇 단어만 갖고 대충 뜻을 때려 맞추고 다 들었다고 자족하는 나쁜 습관이 자리 잡을 수 있다. 한 호흡씩 끊어서 받아쓰면 영어 특유의 리듬감도 익힐 수 있고, 자연스럽게 의미 덩어리 구분도 되니 여러모로 좋다. 왕초보라면 감당할 수 있는 만큼 짧은 호흡으로 끊어도 된다.

1. 듣고 풀자! DAY-14일차

청취지문은 절대로 커닝하지 말고 시험 보는 학생의 마음으로 진지하게 풀어보세요!

1) 여자가 Dick에게 조언한 것은?

  a 이 닦는 습관을 가져야 한다.
  b 치과의사가 되어야 한다.
  c 아이스크림을 먹지 말아야 한다.
  d 치과에 가야 한다.

2) Dick이 치과 가는 것을 좋아하는 이유는?

  a Because he likes to see beautiful nurses.
  b Because the dentist is his friend.
  c Because his mom always buys him ice cream after a visit.
  d Because the dentist gives him candies.

> nurse 간호사

3) How many times does Dick brush his teeth?

  a Three times a day
  b Once a week
  c Once a month
  d Once a day

> time 횟수, 번, 배수   once 한 번

1. 다시 듣고 해석해보자!

지문을 눈으로 읽어 내려가며 다시 한 번 집중해서 들어보세요!

Sally	How many times do you brush your teeth, Dick?
Dick	Oh, once a day.
Sally	Really? All your teeth will rot.
Dick	They are still fine.
Sally	Soon you would have to go to the dentist.
Dick	Okay. I like going to the dentist.
Sally	Why? Aren't you afraid that he is going to pull out your teeth?
Dick	It hurts when he pulls out my teeth. But my mother always buys me ice cream after a visit to the dentist.

샐리	딕, 넌 하루에 몇 번이나 이를 닦니?
딕	아, 하루에 한 번.
샐리	정말? 이빨 다 썩겠다.
딕	아직 괜찮아.
샐리	조만간 넌 치과에 가야 할 거야.
딕	괜찮아. 난 치과에 가는 걸 좋아해.
샐리	왜? 넌 의사 선생님이 이빨을 뽑을까 봐 무섭지 않아?
딕	이빨을 뽑을 때는 아파. 근데 엄마는 내가 치과 갈 때마다 아이스크림을 사주시거든.

정답 1d2c3d

○ brush one's teeth 이빨을 닦다　　rot 썩다　　dentist 치과, 치과의사
pull out (이빨을) 뽑다　　hurt 아프다

2. 듣고 풀자!

청취지문은 절대로 커닝하지 말고 시험 보는 학생의 마음으로 진지하게 풀어보세요!

1) 아이들은 그들의 가방을 어디 둬야 하나?

    a   책상 아래
    b   사물함
    c   교탁 위
    d   시험장 밖

2) 다음 중 시험장에 가지고 갈 수 없는 것은?

    a   A pencil
    b   A pen
    c   A cell phone
    d   An eraser

▲ cell phone 휴대폰   eraser 지우개

3) What are the children going to do?

    a   They are going to take a final exam.
    b   They are going to have a pop quiz.
    c   They are going to clean the exam hall.
    d   They are going to take a midterm exam.

▲ pop quiz 예고 없는 시험

2. 다시 듣고 해석해보자!

DAY – 14일차

지문을 눈으로 읽어 내려가며 다시 한 번 집중해서 들어보세요!

Teacher	Girls, are you ready for your midterm exam?
Mary	Sir, I have a question.
Teacher	Yes, Mary.
Mary	What are we allowed to bring into the exam hall?
Teacher	Only stationery items will be allowed into the exam hall.
Mary	Does that mean we have to leave our bags outside?
Teacher	Yes, Mary. You will have to leave your cell phones outside as well.

선생님	얘들아, 너희들 중간고사 준비됐니?
메리	선생님, 질문 있어요.
선생님	그래, 메리야.
메리	시험장에 가지고 들어갈 수 있는 것이 무엇인가요?
선생님	문구류만 시험장에서는 허락이 된다.
메리	그 말씀은 가방은 밖에 두어야 한다는 건가요?
선생님	그래, 메리. 너희들은 휴대폰도 시험장 밖에 두어야 할 거야.

정답 1d2c3d

○ midterm exam 중간고사   stationery 문구류, 문방구

124 3030 English 듣기 1탄

3. 듣고 풀자!

DAY – 14일차

청취지문은 절대로 커닝하지 말고 시험 보는 학생의 마음으로 진지하게 풀어보세요!

1) 여자가 7시에 해야 할 일은?

a   식사 준비
b   파티 준비
c   집안 청소
d   TV 시청

2) 몇 시에 남자는 여자의 집에 가기로 했나?

a   6 o'clock
b   7 o'clock
c   8 o'clock
d   9 o'clock

▲   7시 정각을 표현할 때는 7 o'clock을 쓰기도 하지만 그냥 at 7이라고도 한다.

3   Why are they going to meet with?

a   to play baseball
b   to watch a movie
c   to go to the party
d   to do their homework

▲   movie 영화   do one's homework 숙제를 하다

In School   **125**

3. 다시 듣고 해석해보자!

지문을 눈으로 읽어 내려가며 다시 한 번 집중해서 들어보세요!

Man	Can I go to your house tomorrow to do homework?
Woman	Sure, why not? What time will you come over?
Man	How about 7 o'clock?
Woman	That's not good. I have to help my mother prepare dinner.
Man	What time is good for you?
Woman	How about 8 o'clock?
Man	Sounds great. See you then.

남자	나 내일 너희 집에 가서 숙제해도 되니?
여자	물론, 안 될 거 없지. 몇 시에 올래?
남자	7시 어때?
여자	별로일 거 같아. 엄마가 저녁 준비하는 거 도와드려야 해
남자	몇 시가 좋아?
여자	8시는 어때?
남자	좋아. 그때 보자.

정답 1a2c3d

○ come over 건너오다　help ~ prepare ~가 준비하는 것을 돕다
Sounds great It이 생략된 문장으로 '좋아'라는 뜻이다.

듣고 받아써보자!

답안을 커닝하면 아무런 학습효과도 볼 수 없습니다. 답안을 가리고 받아쓰기에 임하세요!

1. How many times do you _____, Dick?

2. Soon you would _____ to the dentist.

3. I like going to the _____.

4. Aren't you afraid that he is going to _____ your teeth?

5. Girls, are you _____ your midterm exam?

6. Sir, I have a _____.

7. What are we _____ bring into the exam hall?

8. You will have to leave your cell phones outside _____.

9. Can I go to your house tomorrow to _____?

10. What time will you _____?

11. What time is _____ you?

12. See you _____.

한글 문장들을 영어로 바꿔 말해보세요! 혹시 잘 모르겠어도 일단 용감하게 도전해보세요!

1. 숙제하러 내일 너희 집에 가도 될까?

2. 곧 너는 치과에 가야 할 거야.

3. 애들아, 너희들 중간고사 준비됐니?

4. 너 몇 시에 올래?

5. 그때 보자.

6. 넌 그가 너의 이를 뽑을까 두렵지 않니?

7. 우리가 시험장에 가지고 들어갈 수 있는 게 무엇인가요?

8. 넌 몇 시가 좋니?

9. 선생님, 질문이 있어요.

10. 너희들은 휴대폰도 밖에 둬야 할 거야.

11. 넌 하루에 양치질을 몇 번 하니, 딕?

12. 난 치과에 가는 걸 좋아해.

정답 1 Can I go to your house tomorrow to do homework? 2 Soon you would have to go to the dentist. 3 Girls, are you ready for your midterm exam? 4 What time will you come over? 5 See you then. 6 Aren't you afraid that he is going to pull out your teeth? 7 What are we allowed to bring into the exam hall? 8 What time is good for you? 9 Sir, I have a question. 10 You will have to leave your cell phones outside as well. 11 How many times do you brush your teeth, Dick? 12 I like going to the dentist.

1. 듣고 풀자!   DAY-15일차

청취지문은 절대로 커닝하지 말고 시험 보는 학생의 마음으로 진지하게 풀어보세요!

1) 남자의 외국어 습득에 관한 의견은?

a 책을 많이 읽어야 한다.
b 외국인 친구를 만들어야 한다.
c 어릴 때 배워야 한다.
d 해외연수를 가야 한다.

2) 남자가 구사하는 언어의 수는?

a Four
b Three
c Two
d One

3) What is Jane studying?

a Korean
b Chinese
c Biology
d Chemistry

▲ Biology 생물학   Chemistry 화학

1. 다시 듣고 해석해보자!

지문을 눈으로 읽어 내려가며 다시 한 번 집중해서 들어보세요!

John	Hi, Jane. Are you studying Chinese?
Jane	Yes, I am. It is really difficult.
John	I am sure you can master it.
Jane	I hope so. How many foreign languages can you speak?
John	I can speak Korean, English, French and Japanese.
Jane	How did you learn to speak so many languages?
John	I learned these languages when I was very young.
Jane	Really? Did it help?
John	Yes, I think learning languages is easier when you are younger.

존	제인, 너 중국어 공부하니?
제인	응, 그거 진짜 어려워.
존	넌 틀림없이 그것을 마스터할 거야.
제인	그러길 바라. 넌 외국어 몇 가지나 말할 수 있니?
존	한국어, 영어, 프랑스어 그리고 일본어 할 수 있어.
제인	어떻게 그렇게 많은 언어를 배웠니?
존	아주 어렸을 적에 배웠지.
제인	그래? 그게 도움이 됐어?
존	응, 어렸을 때 언어를 배우는 게 더 쉬운 것 같아.

정답 1c2a3b

○ master 마스터하다, 정복하다　foreign language 외국어

2. 듣고 풀자!

청취지문은 절대로 커닝하지 말고 시험 보는 학생의 마음으로 진지하게 풀어보세요!

1) 자신이 읽고 있는 책에 대한 여자의 생각은?

a 재미있다.
b 지루하다.
c 어렵다.
d 정보가 많다.

2) 남자가 좋아하는 책은?

a Newspapers
b Magazines
c TV guides
d Dictionary

▲ magazine 잡지 dictionary 사전

3) What is Jane reading?

a Harry Porter
b Titanic
c Of Mice and Men
d Great Expectations

▲ expectations 유산

2. 다시 듣고 해석해보자!

지문을 눈으로 읽어 내려가며 다시 한 번 집중해서 들어보세요!

Sam	Hi, Jane. What are you reading?
Jane	I am reading Great Expectations by Charles Dickens.
Sam	Is it interesting?
Jane	Yes, I like it very much.
Sam	I also have a favorite book.
	It is full of useful information.
Jane	What is it? Is it a classic?
Sam	It is the TV guide.

샘	안녕, 제인. 너 뭐 읽어?
제인	찰스 디킨스가 쓴 《위대한 유산》을 읽고 있어.
샘	그거 재미있어?
제인	응, 난 아주 마음에 들어.
샘	나도 내가 제일 좋아하는 책이 있는데. 유용한 정보가 가득해.
제인	그게 뭔데? 고전이니?
샘	그건 《TV 가이드》야.

정답 1a2c3d

○ favorite 가장 좋아하는   useful 유용한   classic 고전

3. 듣고 풀자!

청취지문은 절대로 커닝하지 말고 시험 보는 학생의 마음으로 진지하게 풀어보세요!

1) 남자가 여자에게 질문을 한 이유는?

   a   숙제를 하려고
   b   배운 걸 확인하려고
   c   물건을 주문하려고
   d   시간표를 짜려고

2) 다음 중 pentagon보다 면이 많은 도형은?

   a   Triangle
   b   Square
   c   Rectangle
   d   Hexagon

▲   triangle 삼각형   square 정사각형   rectangle 직사각형   hexagon 육각형

3) How many sides does a pentagon have?

   a   Eight
   b   Five
   c   Three
   d   Two

▲   pentagon 오각형

3. 다시 듣고 해석해보자!

지문을 눈으로 읽어 내려가며 다시 한 번 집중해서 들어보세요!

Calvin	Kelly, Can I ask you a question?
Kelly	Sure.
Calvin	What is the difference between a pentagon and a hexagon?
Kelly	A pentagon is a figure with 5 sides while a hexagon has 6 sides.
Calvin	Wow! Thank you.
Kelly	No problem. But didn't we learn this in math class?
Calvin	Yes, but I just wanted to make sure.

캘빈	켈리, 내가 뭐 하나 물어도 돼?
켈리	물론.
캘빈	오각형하고 육각형의 차이가 뭐야?
켈리	오각형은 면이 5개이고, 육각형은 면이 6개이지.
캘빈	우와! 고마워.
켈리	천만에. 근데 우리 수학 시간에 이거 배우지 않았니?
캘빈	응, 근데 그냥 확인하고 싶었어.

정답 1b2d3b

○ figure 꼴, 형태   math 수학   make sure 확실하게 하다, 확인하다

듣고 받아써보자!

답안을 커닝하면 아무런 학습효과도 볼 수 없습니다. 답안을 가리고 받아쓰기에 임하세요!

1.   you   Chinese?

2.   I   .

3.   How many   can you speak?

4.   How did you   so many languages?

5.   are you reading?

6.   Is it   ?

7.   I also have a   .

8.   It   useful information.

9.   I   you a question?

10. What is the   a pentagon and a hexagon?

11. But didn't we learn this   ?

12. Yes, but I just wanted to   .

정답 1 Are/studying 2 hope so 3 foreign languages 4 learn to speak 5 What 6 interesting 7 favorite book 8 is full of 9 Can/ask 10 difference between 11 in math class 12 make sure

바꿔 말해보자!

한글 문장들을 영어로 바꿔 말해보세요! 혹시 잘 모르겠어도 일단 용감하게 도전해보세요!

1. 너 뭘 읽고 있니?

2. 넌 외국어를 몇 개나 말할 수 있니?

3. 넌 어떻게 그렇게 많은 언어를 말하는 걸 배웠니?

4. 그건 유용한 정보로 가득해.

5. 그런데 우리 수학 시간에 이거 배우지 않았니?

6. 너 중국어를 공부하고 있니?

7. 오각형과 육각형의 차이가 뭐야?

8. 그거 재미있니?

9. 그래, 하지만 난 그저 확인하고 싶었을 뿐이야.

10. 난 그러길 바라.

11. 질문 하나 해도 될까요?

12. 나도 좋아하는 책이 있어.

정답 1 What are you reading? 2 How many foreign languages can you speak?
3 How did you learn to speak so many languages? 4 It is full of useful infor-
mation. 5 But didn't we learn this in math class? 6 Are you studying Chinese?
7 What is the difference between a pentagon and a hexagon? 8 Is it interesting?
9 Yes, but I just wanted to make sure. 10 I hope so. 11 Can I ask you a question?
12 I also have a favorite book.

1. 듣고 풀자! DAY-16일차

청취지문은 절대로 커닝하지 말고 시험 보는 학생의 마음으로 진지하게 풀어보세요!

1) John이 책을 통해 연습한 것은?

a 읽기
b 쓰기
c 듣기
d 말하기

2) 그 책의 장점은?

a The book is very cheap.
b The book has many questions.
c He book is light.
d He book is easy.

▲ cheap 싼, 저렴한   easy 쉬운   light 가벼운

3) What are they talking about?

a Math class
b A listening book
c A new teacher
d Listening skills

▲ class 수업   skill 기술

1. 다시 듣고 해석해보자!

지문을 눈으로 읽어 내려가며 다시 한 번 집중해서 들어보세요!

Teacher	John, did you like this book?
John	Yes, I did.
Teacher	What part of the book did you like?
John	It provided many questions for me to practice my listening skills.
Teacher	Anything else?

선생님	존, 이 책 맘에 들었니?
존	네.
선생님	책의 어떤 부분이 좋았니?
존	제가 듣기를 연습할 수 있도록 많은 문제가 나와요.
선생님	또 다른 건 없었니?

정답 1c2b3b

O practice 연습하다

2. 듣고 풀자!

청취지문은 절대로 커닝하지 말고 시험 보는 학생의 마음으로 진지하게 풀어보세요!

1) 여자가 주로 듣는 음악 장르는?

a 록
b 클래식
c 재즈
d 민속음악

2) Edward가 여자에게 권하는 것은?

a She should go on a diet.
b She should be interested in rock music.
c She should be a rock singer.
d She should listen to classical music.

▲ go on a diet 다이어트를 하다   rock singer 록 가수

3) What is Edward listening to?

a News
b CCM
c Jazz
d Classical music

▲ CCM 복음성가

2. 다시 듣고 해석해보자!

지문을 눈으로 읽어 내려가며 다시 한 번 집중해서 들어보세요!

Jill	Hey, Edward, what are you listening to?
Edward	I am listening to classical music.
Jill	Really? Do you like it?
Edward	Yes, It is very good. I think Beethoven is the best.
Jill	I normally listen to rock music.
	So, I am not interested in classical music.
Edward	That is too bad. You should try it some time.

질	야, 에드워드, 너 뭐 듣고 있니?
에드워드	클래식 음악 듣고 있어.
질	정말? 그거 좋아하니?
에드워드	음, 클래식은 아주 좋아. 내 생각에는 베토벤이 최고야.
질	난 평상시에 록 음악을 들어.
	그래서 난 클래식 음악에는 흥미가 없어.
에드워드	그거 안됐다. 언제 한 번 들어봐.

정답 1a 2d 3d

O listen to 을 듣다   classic music 클래식 음악

3. 듣고 풀자!

청취지문은 절대로 커닝하지 말고 시험 보는 학생의 마음으로 진지하게 풀어보세요!

1) 남자가 Mary에게 바라는 것은?

a 병원에 가길 바란다.
b 기분이 좋아지길 바란다.
c 습관을 고치길 바란다.
d 식사를 하길 바란다.

2) Mary가 곧 하려고 하는 것은?

a Eating
b Playing baseball
c Sleeping
d Watching a horror movie

▲ sleeping 잠자기   horror movie 공포 영화

3) Why does Mary look tired?

a She stayed up late doing her homework.
b She drank too much beer last night.
c She went mountain climbing yesterday.
d She had a terrible dream.

▲ stay up late 늦게까지 자지 않고 있다   mountain climbing 등산

지문을 눈으로 읽어 내려가며 다시 한 번 집중해서 들어보세요!

Jack	Why do you look so tired, Mary?
Mary	I did not sleep well last night.
Jack	What happened?
Mary	I had a terrible dream.
Jack	Did you have a nightmare?
Mary	Yes, I did. It was very scary.
Jack	I hope you feel better now.
Mary	Thank you. I think I will have a nap.

잭	메리, 너 왜 그렇게 피곤해 보이니?
메리	어제 잠을 잘 못 잤어.
잭	무슨 일 있었니?
메리	아주 안 좋은 꿈을 꾸었어.
잭	악몽을 꾼 거야?
메리	응. 너무 무서웠어.
잭	기분이 좀 나아지길 바라.
메리	고마워. 낮잠을 자야겠어.

정답 1b2c3d

○ nightmare 악몽   scary 무서운   nap 낮잠

듣고 받아써보자!

DAY – 16일차

답안을 커닝하면 아무런 학습효과도 볼 수 없습니다. 답안을 가리고 받아쓰기에 임하세요!

1. John, did you ____ this book?

2. ____ the book did you like?

3. It ____ many questions ____ me to practice my listening skills.

4. Anything ____ ?

5. I am ____ classical music.

6. I think Beethoven is ____ .

7. So, I ____ not ____ classical music.

8. That is ____ .

9. I did not ____ last night.

10. What ____ ?

11. I hope you ____ now.

12. I think I will ____ .

정답 1 like 2 What part of 3 provided/for 4 else 5 listening to 6 the best 7 am/interested in 8 too bad 9 sleep well 10 happened 11 feel better 12 have a nap

In School **143**

바꿔 말해보자!

한글 문장들을 영어로 바꿔 말해보세요! 혹시 잘 모르겠어도 일단 용감하게 도전해보세요!

1. 그건 내가 듣기를 연습할 수 있도록 많은 문제가 나와.

2. 그거 안됐다.

3. 난 베토벤이 최고라고 생각해.

4. 낮잠을 자야 할 것 같아.

5. 또 다른 건 없니?

6. 무슨 일이야?

7. 그래서 난 클래식 음악에 흥미가 없어.

8. 난 지금 네 기분이 더 좋길 바라.

9. 존, 너 이 책 좋았니?

10. 난 지난밤에 잠을 잘 못 잤어.

11. 난 클래식 음악을 듣고 있어.

12. 넌 이 책의 어떤 부분이 좋았니?

정답 1 It provided many questions for me to practice my listening skills. 2 That is too bad. 3 I think Beethoven is the best. 4 I think I will have a nap. 5 Anything else? 6 What happened? 7 So, I am not interested in classical music. 8 I hope you feel better now. 9 John, did you like this book? 10 I did not sleep well last night. 11 I am listening to classical music. 12 What part of the book did you like?

1. 듣고 풀자!　　DAY-17일차

청취지문은 절대로 커닝하지 말고 시험 보는 학생의 마음으로 진지하게 풀어보세요!

1) Mary는 지금 무엇을 사용하고 있나?

　a　노트북
　b　계산기
　c　라디오
　d　사전

2) 대화를 통해 알 수 있는 Tom의 현재 심경은?

　a　Angry
　b　Thankful
　c　Sad
　d　Tired

▲　thankful 감사한

3) What does Tom want to borrow?

　a　A radio
　b　A pencil case
　c　A dictionary
　d　A book

▲　borrow 빌리다

1. 다시 듣고 해석해보자!

다시 한 번 집중해서 들어보세요!

지문을 눈으로 읽어 내려가며 다시 한 번 집중해서 들어보세요!

Tom	Can I borrow your dictionary?
Mary	I am sorry, Tom, but I am using it right now.
Tom	Come on, Mary, Don't be so selfish.
Mary	Why don't I lend it to you after I have finished using it?
Tom	Okay, that would be great.
	I need it to do my homework.

톰	사전 좀 빌릴 수 있을까?
메리	미안하지만, 톰, 지금 내가 쓰고 있어.
톰	에이, 메리, 너무 이기적으로 그러지 마.
메리	내가 다 사용한 뒤에 빌려주면 안 돼?
톰	알았어, 그게 좋겠다. 숙제하려면 사전이 필요해.

정답 1d2b3c

○ dictionary 사전   selfish 이기적인   lend 빌려주다

146   3030 English 듣기 1탄

2. 듣고 풀자!

청취지문은 절대로 커닝하지 말고 시험 보는 학생의 마음으로 진지하게 풀어보세요!

1) 남자와 여자의 나이 차이는?

　a　한 살
　b　두 살
　c　세 살
　d　네 살

2) 남자가 여자의 숙제를 돕지 못하는 이유는?

　a　He is too young.
　b　He is sick.
　c　He is tired.
　d　He isn't good at math.

🔖 be good at ~을 잘하다

3) When did the woman move to Seoul?

　a　Eleven years ago
　b　Fourteen years ago
　c　Four years ago
　d　Forty years ago

🔖 move to ~로 이동하다, ~로 이사하다

2. 다시 듣고 해석해보자!

지문을 눈으로 읽어 내려가며 다시 한 번 집중해서 들어보세요!

Joe	When did you move to Seoul, Jill?
Jill	Four years ago. When I was eleven.
Joe	Then you are one year younger than me.
Jill	Really? Then maybe you could help me with my Math homework.
Joe	I'm afraid I can't. I am terrible at Math.

조	언제 서울로 이사 왔니, 질?
질	4년 전에. 내가 열한 살 때.
조	그럼 네가 나보다 한 살 어리구나.
질	정말이야? 그럼 네가 내 수학 숙제를 도와줘도 되겠다.
조	미안하지만 안 돼. 난 수학을 아주 못해.

정답 1a2d3c

🔾 be terrible at ~에 소질이 없다, ~을 못하다

3. 듣고 풀자!

청취지문은 절대로 커닝하지 말고 시험 보는 학생의 마음으로 진지하게 풀어보세요!

1) 남자에 대한 설명 중 옳은 것은?

a 여자와 함께 시험을 볼 것이다.
b 여자를 응원하고 있다.
c 여자에게 도움을 청하고 있다.
d 여자의 도움을 거절하고 있다.

2) Sharon이 걱정하는 가장 큰 이유는?

a She didn't study.
b She had a fight with her brother.
c She woke up late.
d She didn't bring her homework.

have a fight 싸우다   wake up 일어나다

3) Why is Sharon so nervous?

a She has a job interview today.
b She has a test today.
c She has a family problem.
d She has to sing in front of her boyfriend.

nervous 긴장한   in front of ~앞에서

3. 다시 듣고 해석해보자!

지문을 눈으로 읽어 내려가며 다시 한 번 집중해서 들어보세요!

Edward   Why do you look so nervous, Sharon?

Sharon   It's because today is my final exam.

Edward   I am sure you will do well.

Sharon   I hope so. But there is one small problem.

Edward   What is it?

Sharon   I didn't study for it.

에드워드   너 왜 그렇게 긴장돼 보이니, 샤론?

샤론   왜냐하면 오늘이 기말고사라서.

에드워드   넌 분명히 잘할 거야.

샤론   나도 그러길 바라. 근데 작은 문제가 하나 있어.

에드워드   그게 뭔데?

샤론   시험공부를 안 했거든.

정답 1b2a3b

○ final exam 기말고사

듣고 받아써보자!

답안을 커닝하면 아무런 학습효과도 볼 수 없습니다. 답안을 가리고 받아쓰기에 임하세요!

1. Can I   your dictionary?

2. Don't be so   .

3. Okay, that   great.

4. I need it to   my   .

5. When did you   Seoul, Jill?

6. Then you are one year   me.

7. I'm   I can't.

8. I am   Math.

9. Why do you   so   , Sharon?

10. It's   today is my final exam.

11. I   you will do well.

12. But   one small problem.

정답 1 borrow 2 selfish 3 would be 4 do/homework 5 move to 6 younger than
7 afraid 8 terrible at 9 look/nervous 10 because 11 am sure 12 there is

바꿔 말해보자!

한글 문장들을 영어로 바꿔 말해보세요! 혹시 잘 모르겠어도 일단 용감하게 도전해보세요!

1. 그럼 네가 나보다 한 살 어리구나.

2. 그래, 그거 좋겠다.

3. 난 수학을 아주 못해.

4. 숙제를 하려면 난 그게 필요해.

5. 난 네가 잘할 거라 확신해.

6. 너 왜 그렇게 긴장돼 보이니, 샤론?

7. 너무 이기적이게 굴지 마.

8. 그런데 작은 문제가 하나 있어.

9. 그건 오늘이 내 기말고사 날이기 때문이야.

10. 넌 언제 서울로 이사 왔니, 질?

11. 미안하지만 난 할 수 없어.

12. 네 사전 좀 빌려도 될까?

정답 1 Then you are one year younger than me. 2 Okay, that would be great. 3 I am terrible at Math. 4 I need it to do my homework. 5 I am sure you will do well. 6 Why do you look so nervous, Sharon? 7 Don't be so selfish. 8 But there is one small problem. 9 It's because today is my final exam. 10 When did you move to Seoul, Jill? 11 I'm afraid I can't. 12 Can I borrow your dictionary?

청취지문은 절대로 커닝하지 말고 시험 보는 학생의 마음으로 진지하게 풀어보세요!

1) 다음 중 사실인 것은?

a　남자는 Jill의 선생님을 싫어한다.

b　남자는 Jill의 선생님을 만나고자 한다.

c　Jill의 선생님은 인자하다.

d　Jill의 선생님은 난폭하다.

2) Jill이 새 선생님에게 바라는 점은?

a　She could be more generous.

b　She could be more friendly.

c　She could give less homework.

d　She could be less strict.

▲　strict 엄격한

3) What does Jill think about her new teacher?

a　She thinks she is the best teacher ever.

b　She thinks she is very beautiful.

c　She isn't sure yet.

d　She doesn't like her at all.

▲　not at all 전혀 아닌

1. 다시 듣고 해석해보자!

지문을 눈으로 읽어 내려가며 다시 한 번 집중해서 들어보세요!

Jack	Jill, are you satisfied with your new teacher?
Jill	I am still not sure.
Jack	Why not? What is wrong?
Jill	She is very generous and friendly.
	But I feel that she could be a better teacher.
Jack	How?
Jill	She could give us less homework.

잭	질, 너 새로 오신 선생님이 마음에 드니?
질	아직 잘 모르겠어.
잭	왜 몰라? 뭐가 문제야?
질	선생님은 아주 인자하고 친절하셔.
	근데 더 좋은 선생님이 될 수도 있을 거 같아.
잭	어떻게?
질	숙제를 좀 덜 내주시면.

정답 1c2c3c

○ be satisfied with ~에 만족하다   generous 인자한
friendly 친절한   less 덜

2. 듣고 풀자!

청취지문은 절대로 커닝하지 말고 시험 보는 학생의 마음으로 진지하게 풀어보세요!

1) 두 사람의 관계로 예상되는 것은?

a 엄마와 아들
b 요리사와 손님
c 식당주인과 점원
d 학급 친구

2) 다음 중 사실인 것은?

a The woman will ask her mom to pack her a lunch box.
b The woman will share her lunch box with the man.
c The woman likes fish porridge.
d The woman will cook lunch for the man.

> lunch box 점심 도시락   porridge 죽   share 나누다   cook 요리하다

3) What are they talking about?

a Lunch
b Dinner
c Their mom's cooking
d Their favorite food

> cooking 요리   food 음식

2. 다시 듣고 해석해보자!

지문을 눈으로 읽어 내려가며 다시 한 번 집중해서 들어보세요!

Woman	I wonder what is for lunch at the school cafeteria.
Man	I will be happy as long as it is not fish porridge.
Woman	Me, too. I don't like porridge
Man	I don't mind porridge, but I like hamburgers better.
Woman	I will ask my mother to pack me a lunch box from tomorrow.
Man	Do you think she could pack one for me as well?
Woman	Why don't you ask your mother?

여자	학교 식당에 점심 메뉴가 뭔지 궁금하네.
남자	생선죽만 아니면 행복할 거야.
여자	나도. 난 죽을 싫어해.
남자	죽은 괜찮아, 근데 난 햄버거가 더 좋아.
여자	내일부터 점심 도시락 싸달라고 엄마한테 부탁할 거야.
남자	너희 엄마가 내 것도 하나 싸주실 수 있을까?
여자	너희 엄마한테 여쭤보지 그래?

정답 1d2a3a

- cafeteria 학교식당, 구내식당　　as long as ~이기만 하면
  pack 싸다, 꾸리다

3. 듣고 풀자!

청취지문은 절대로 커닝하지 말고 시험 보는 학생의 마음으로 진지하게 풀어보세요!

1) 여자의 버릇은?

a   코를 판다.
b   입술을 깨문다.
c   눈을 깜박거린다.
d   다리를 떤다.

2) 남자와 여자가 다짐한 것은?

a   They will change their hobbies.
b   They will stop their bad habits.
c   They will study even harder.
d   They will enjoy their hobbies.

🔺 habit 습관

3) What is the man's habit?

a   He blinks his eyes.
b   He picks his nose.
c   He shakes his leg.
d   He bites his nails.

🔺 blink 깜빡이다   bite 물어뜯다, 깨물다

3. 다시 듣고 해석해보자!

지문을 눈으로 읽어 내려가며 다시 한 번 집중해서 들어보세요!

Beth	John, what kind of habits do you have?
John	I like to bite my nails.
Beth	That is a bad habit.
John	I know. How about you?
Beth	Well, I like to pick my nose.
John	That is also a very bad habit.
Beth	Let's try to stop our bad habits together.

베스	존, 넌 어떤 습관이 있니?
존	난 손톱을 물어뜯는 걸 좋아해.
베스	그건 나쁜 버릇인데.
존	알아. 넌 어때?
베스	음, 난 코 파는 걸 좋아해.
존	그거 역시 아주 나쁜 습관이야.
베스	우리 함께 우리의 나쁜 습관을 멈추도록 노력하자.

정답 1a2b3d

○ habit 습관   bite 물어뜯다   pick one's nose 코를 후비다

답안을 커닝하면 아무런 학습효과도 볼 수 없습니다. 답안을 가리고 받아쓰기에 임하세요!

1. Jill, are you _____ your new teacher?

2. What is _____ ?

3. She is very _____ and _____ .

4. She could give us _____ .

5. I wonder _____ lunch at the school cafeteria.

6. I will be happy _____ it is not fish porridge.

7. I _____ porridge, but I like hamburgers better.

8. _____ ask your mother?

9. John, _____ habits do you have?

10. I like to _____ my _____ .

11. Well, I like to _____ my nose.

12. Let's _____ stop our bad habits together.

바꿔 말해보자!

한글 문장들을 영어로 바꿔 말해보세요! 혹시 잘 모르겠어도 일단 용감하게 도전해보세요!

1. 그녀는 우리에게 숙제를 덜 내줄 수 있어.

2. 난 손톱 물어뜯는 걸 좋아해.

3. 그녀는 매우 너그럽고 다정해.

4. 너희 엄마에게 물어보지 그래?

5. 난 그게 생선죽만 아니라면 행복할 거야.

6. 우리 함께 나쁜 버릇을 멈추도록 노력하자.

7. 존, 넌 무슨 버릇이 있니?

8. 질, 너의 새 선생님에 대해 만족하니?

9. 글쎄, 난 코 파는 걸 좋아해.

10. 난 학교 식당의 점심 메뉴가 뭔지 궁금해.

11. 난 죽이어도 상관 없어, 하지만 햄버거가 더 좋아.

12. 뭐가 잘못됐니?

정답 1 She could give us less homework. 2 I like to bite my nails. 3 She is very generous and friendly. 4 Why don't you ask your mother? 5 I will be happy as long as it is not fish porridge. 6 Let's try to stop our bad habits together. 7 John, what kind of habits do you have? 8 Jill, are you satisfied with your new teacher? 9 Well, I like to pick my nose. 10 I wonder what is for lunch at the school cafeteria. 11 I don't mind porridge, but I like hamburgers better. 12 What is wrong?

1. 듣고 풀자! DAY-19일차

청취지문은 절대로 커닝하지 말고 시험 보는 학생의 마음으로 진지하게 풀어보세요!

1) Kelly가 대화 중 언급한 악기를 처음 연주한 때는?

    a   다섯 살
    b   여섯 살
    c   일곱 살
    d   열 살

2) 다음 중 사실인 것은?

    a   The woman has played the violin for 10 years.
    b   The woman can also play the cello.
    c   The man is the woman's violin teacher.
    d   The man can also play the violin.

▲ has played ~ for 10 years ~을 10년 동안 연주했다

3) Which instrument can Kelly play?

    a   The violin
    b   The cello
    c   The piano
    d   The guitar

▲ cello 첼로

1. 다시 듣고 해석해보자!

지문을 눈으로 읽어 내려가며 다시 한 번 집중해서 들어보세요!

Steve	Can you play any instruments, Kelly?
Kelly	Yes, I can. I can play the violin.
Steve	How long have you played the violin?
Kelly	I have played it since I was six years old.
Steve	Wow, you have played it for ten years.
	You must be very good.
Kelly	Not really. I didn't practice much.
Steve	At least, you know how to play a few songs.

스티브	악기 연주할 줄 아는 거 있니, 켈리?
켈리	응. 나 바이올린을 연주할 줄 알아.
스티브	바이올린을 연주한 지 얼마나 됐니?
켈리	여섯 살 때부터 연주했어.
스티브	와, 10년 동안이나 했네. 아주 잘하겠다.
켈리	그렇지도 않아. 연습을 많이 안 했거든.
스티브	그래도 몇 곡 정도는 연주할 줄 알잖아.

정답 1b2a3a

○ instrument 악기   practice 연습하다   a few 소수의, 약간의

2. 듣고 풀자!

청취지문은 절대로 커닝하지 말고 시험 보는 학생의 마음으로 진지하게 풀어보세요!

1) 다음 중 Tim에 관해 사실인 것은?

   a   숙제를 끝내지 못했다.
   b   숙제가 있는 줄 몰랐다.
   c   글의 주제를 정하지 못했다.
   d   조사를 많이 하지 못했다.

2) 대화가 이루어지는 장소로 가장 적절한 곳은?

   a   In the classroom
   b   In the club
   c   In the hotel
   d   In the library

🔺 club 클럽

3) What did Tim write about?

   a   He wrote about his dad.
   b   He wrote about Napoleon.
   c   He wrote about Jay, the author of 3030 English.
   d   He wrote about Dooly.

🔺 author 저자

2. 다시 듣고 해석해보자!   DAY - 19일차

지문을 눈으로 읽어 내려가며 다시 한 번 집중해서 들어보세요!

Mr. Johnson	Tim, did you do your homework?
Tim	Yes, sir. I just finished.
Mr. Johnson	What did you write about?
Tim	I wrote about Napoleon.
Mr. Johnson	Did you do a lot of research?
Tim	I am afraid I didn't. But I wrote most of the important information about him.
Mr. Johnson	That's good. What is the theme of your essay?
Tim	Well, I wrote that he was short, famous and no longer alive.

존슨 선생님	팀, 너 숙제했니?
팀	네, 선생님. 방금 끝냈어요.
존슨 선생님	무엇에 대해서 썼니?
팀	나폴레옹에 대해서 썼어요.
존슨 선생님	조사를 많이 했니?
팀	아뇨, 못 했어요. 하지만 그에 대한 중요한 사항에 대해서는 거의 다 썼어요.
존슨 선생님	잘했구나. 네 글의 주제는 뭔데?
팀	음, 나폴레옹은 키가 작고 유명하고 그리고 더 이상 살아 있지 않다고 썼어요.

정답 1d2a3b

○ research 조사   theme 주제   alive 생존한, 살아 있는

3. 듣고 풀자!

청취지문은 절대로 커닝하지 말고 시험 보는 학생의 마음으로 진지하게 풀어보세요!

1) 남자가 대화 후 다녀올 장소로 예상되는 곳은?

   a   서점

   b   편의점

   c   병원

   d   시장

2) 다음 중 사실인 것은?

   a   The man is ready for his exam.

   b   The woman has an exam tomorrow.

   c   The woman will study with the man.

   d   The man isn't ready for his exam.

▲   be ready for ~ ~을 위한 준비가 되다

3) Why is the man so tired?

   a   Because he was studying all day long.

   b   Because he is sick.

   c   Because he couldn't sleep last night.

   d   Because he had a date last night.

▲   all day long 하루 종일   have a date 데이트하다   sick 아픈

3. 다시 듣고 해석해보자!

지문을 눈으로 읽어 내려가며 다시 한 번 집중해서 들어보세요!

Mary	Why do you look so tired, Alex?
Alex	I was studying all day long.
Mary	Can you concentrate if you study all day long?
Alex	Not really. But I can't help it.
	Tomorrow is my exam and I am not ready yet.
Mary	Then you'd better go back to the library
	and study more.
Alex	I will, as soon as I come back from the convenience store.

메리	왜 그렇게 피곤해 보이니, 알렉스?
알렉스	난 하루 종일 공부했어.
메리	하루 종일 공부하면 집중할 수 있니?
알렉스	아니. 근데 어쩔 수 없어. 내일이 시험인데 공부를 덜했거든.
메리	그럼 도서관으로 돌아가서 더 공부하는 게 좋겠다.
알렉스	그럴 거야, 편의점에 갔다 오자마자.

정답 1b2d3a

○ concentrate 집중하다　as soon as ~하자마자
　convenience store 편의점

답안을 커닝하면 아무런 학습효과도 볼 수 없습니다. 답안을 가리고 받아쓰기에 임하세요!

1. Can you play any _____, Kelly?

2. _____ have you played the violin?

3. Wow, you _____ it for ten years.

4. At least, you know _____ a few songs.

5. Tim, did you do your _____?

6. I _____ Napoleon.

7. Did you do _____ research?

8. What is the _____ of your essay?

9. Why do you _____ so _____, Alex?

10. I was studying _____.

11. But I _____ it.

12. Then you'_____ go back to the library and study more.

바꿔 말해보자!

한글 문장들을 영어로 바꿔 말해보세요! 혹시 잘 모르겠어도 일단 용감하게 도전해보세요!

1. 그런데 난 어쩔 수 없어.

2. 적어도 넌 몇 곡 정도는 연주하는 방법을 알잖니.

3. 넌 왜 그렇게 피곤해 보이니, 알렉스?

4. 팀, 너 숙제 했니?

5. 네 에세이의 주제가 뭐니?

6. 넌 악기 연주할 수 있는 게 있니, 켈리?

7. 그럼 넌 도서관으로 돌아가서 공부를 더 하는 게 나을 거야.

8. 난 나폴레옹에 관해 썼어.

9. 넌 조사 많이 했어?

10. 넌 바이올린을 연주한 지 얼마나 됐니?

11. 난 하루 종일 공부하고 있었어.

12. 와, 넌 10년 동안 그걸 연주했구나.

정답 1 But I can't help it. 2 At least, you know how to play a few songs. 3 Why do you look so tired, Alex? 4 Tim, did you do your homework? 5 What is the theme of your essay? 6 Can you play any instruments, Kelly? 7 Then you'd better go back to the library and study more. 8 I wrote about Napoleon. 9 Did you do a lot of research? 10 How long have you played the violin? 11 I was studying all day long. 12 Wow, you have played it for ten years.

1. 듣고 풀자! DAY-20일차

청취지문은 절대로 커닝하지 말고 시험 보는 학생의 마음으로 진지하게 풀어보세요!

1) 대화 후 예상되는 Paul의 기분은?

a 실망
b 기쁨
c 분노
d 슬픔

2) 다음 중 사실인 것은?

a Paul is the best rugby player in the school.
b The coach wants Paul to play soccer.
c Paul prefers soccer to rugby.
d Paul can attend the training sessions.

▲ prefer A to B B보다 A를 더 좋아하다   attend 참석하다

3) What does Paul want to?

a He wants to join the soccer team.
b He wants to join the cross country team.
c He wants to join the rugby team.
d He wants to buy rugby shoes.

▲ cross country 오래 달리기

1. 다시 듣고 해석해보자!

지문을 눈으로 읽어 내려가며 다시 한 번 집중해서 들어보세요!

Coach	I am sorry, Paul. You are too small to play rugby.
Paul	Coach, please give me a chance. I will prove myself.
Coach	I don't want to see you getting hurt.
Paul	I promise to be careful.
Coach	Alright. I will allow you to attend the training sessions and you must prove yourself to me.
Paul	No problem, sir. I promise to do my best at all times.

감독	미안하다, 폴. 넌 럭비를 하기에는 키가 너무 작아.
폴	코치님, 저에게 제발 기회를 주세요. 제 자신을 증명해 보일게요.
감독	난 네가 다치는 거 보고 싶지 않아.
폴	꼭 조심하겠다고 약속할게요.
감독	알았다. 연습에 참가하는 건 허락하마. 그리고 나에게 너 자신을 증명해 보여라.
폴	문제없습니다, 감독님. 전 항상 최선을 다할 것을 약속드립니다.

정답 1b2d3c

- too ~ to do 너무 ~해서 ~할 수 없다   prove 증명하다, 입증하다
  get hurt 다치다   careful 조심하는, 신중한   training session 연습, 훈련
  do one's best 최선을 다하다   at all times 항상, 늘

170 3030 English 듣기 1탄

2. 듣고 풀자!

청취지문은 절대로 커닝하지 말고 시험 보는 학생의 마음으로 진지하게 풀어보세요!

1) 과학 선생님의 외모를 묘사한 것은?

a 키가 작고 뚱뚱하다.
b 키가 작고 말랐다.
c 키가 크고 뚱뚱하다.
d 키가 크고 말랐다.

2) 다음 중 사실인 것은?

a The man doesn't think the new science teacher is handsome.
b All the girls in school think the new science teacher is ugly.
c The woman has bad eye sight.
d The new science teacher is short and chubby.

▲ ugly 추한, 못생긴   chubby 통통한   eye sight 시력

3) What does the woman think about her new science teacher?

a She thinks he is too fat.
b She thinks he is too loud.
c She thinks he is handsome.
d She thinks he is a bad teacher.

▲ fat 뚱뚱한   handsome 잘생긴   loud 시끄러운

지문을 눈으로 읽어 내려가며 다시 한 번 집중해서 들어보세요!

Jim	How is your new science teacher?
Sally	Oh, you mean Mr. Smith?
Jim	Yes, the one who is tall and skinny.
Sally	I think he is really handsome.
Jim	Are you kidding? I don't think he is good looking.
Sally	Well, all the girls in our class think he is.
Jim	I think you girls have to get your eyes checked.
Sally	Don't be jealous, Jim.

짐	새로 오신 과학 선생님 어때?
샐리	오, 스미스 선생님 말하는 거니?
짐	응, 키 크고 마르신 분.
샐리	그 선생님, 정말 잘생긴 것 같아.
짐	농담하니? 잘생긴 것 같진 않은데.
샐리	음, 우리 반 여자애들은 전부 그가 잘생겼다고 생각하는데.
짐	너희 여자들은 시력 검사를 받아야겠다.
샐리	질투하지 마, 짐.

정답 1d 2a 3c

○ good looking 잘생긴   kid 농담하다   jealous 질투하는, 샘내는

3. 듣고 풀자!

청취지문은 절대로 커닝하지 말고 시험 보는 학생의 마음으로 진지하게 풀어보세요!

1) 두 사람의 대화 주제는?

   a   입학시험

   b   발표 준비

   c   퀴즈대회

   d   과학시험

2) 다음 중 사실인 것은?

   a   Brian cannot participate in the science quiz.

   b   The teacher will help Brian prepare for the quiz.

   c   Brian will help the teacher.

   d   Brian has won the grand prize.

> prepare ~을 준비하다   grand prize 대상

3) What does Brian want to do?

   a   He wants to participate in the science quiz.

   b   He wants to be a teacher.

   c   He wants to take a math test.

   d   He wants to go to the quiz show.

> participate in ~에 참가하다

지문을 눈으로 읽어 내려가며 다시 한 번 집중해서 들어보세요!

Brian	Ma'am, I would like to participate in this year's science quiz.
Teacher	Really? Are you sure?
Brian	Yes, I am confident. I will do better than last year.
Teacher	Great. If you are so confident, I am sure you will win the grand prize.
Brian	I would appreciate it if you could help me with my preparation for the quiz.
Teacher	Brian, I would be glad to help.
Brian	Thank you, Ma'am. With your help, I'm sure I will do well.

브라이언	선생님, 저 이번 과학퀴즈에 참가하고 싶은데요.
선생님	그래? 정말이니?
브라이언	네, 작년보다 더 잘할 자신이 있어요.
선생님	좋아. 그렇게 자신 있다면, 네가 대상을 받을 거라고 확신한다.
브라이언	선생님이 퀴즈 준비에 도움을 주시면 감사하겠어요.
선생님	브라이언, 얼마든지 도와줄게.
브라이언	감사합니다, 선생님. 선생님 도움이 있으면 잘할 거란 확신이 들어요.

정답 1c2b3a

○ confident 확신에 찬, 자신 있는   appreciate 감사하다

답안을 커닝하면 아무런 학습효과도 볼 수 없습니다. 답안을 가리고 받아쓰기에 임하세요!

1. You are ___ small ___ play rugby.

2. Coach, please ___ me ___ .

3. I don't want to see you ___ .

4. I promise to ___ .

5. Are you ___ ?

6. I don't think he is good ___ .

7. I think you girls ___ your eyes checked.

8. Don't ___ , Jim.

9. Ma'am, I ___ participate in this year's science quiz.

10. I will ___ than last year.

11. If you are so confident, I am sure you will win the grand ___ .

12. Brian, I ___ be glad to help.

정답 1 too/to 2 give/a chance 3 getting hurt 4 be careful 5 kidding 6 looking
7 have to get 8 be jealous 9 would like to 10 do better 11 prize 12 would

바꿔 말해보자!

한글 문장들을 영어로 바꿔 말해보세요! 혹시 잘 모르겠어도 일단 용감하게 도전해보세요!

1. 질투하지 마, 짐.

2. 조심한다고 약속할게.

3. 난 네가 다치는 걸 보고 싶지 않아.

4. 브라이언, 내가 기꺼이 도와줄게.

5. 선생님, 저 올해 과학퀴즈에 참가하고 싶어요.

6. 농담하니?

7. 넌 럭비를 하기엔 너무 작아.

8. 네가 그렇게 자신 있다면, 난 네가 대상을 받을 거라고 확신해.

9. 난 그가 잘생겼다고 생각하지 않아.

10. 코치님, 제발 제게 한 번만 기회를 주세요.

11. 난 너희 여자애들이 시력 검사를 받아야 한다고 생각해.

12. 난 작년보다 더 잘할 거야.

정답 1 Don't be jealous, Jim. 2 I promise to be careful. 3 I don't want to see you getting hurt. 4 Brian, I would be glad to help. 5 Ma'am, I would like to participate in this year's science quiz. 6 Are you kidding? 7 You are too small to play rugby. 8 If you are so confident, I am sure you will win the grand prize. 9 I don't think he is good looking. 10 Coach, please give me a chance. 11 I think you girls have to get your eyes checked. 12 I will do better than last year.

Lap**4**
Family
하루 중 함께
보내는 시간은 짧지만

존재함만으로도 큰 힘을 주는 가족…
그들에게 전하고 싶은 말,
칭찬해주고 때로는 서운함을 전하는 말,
사랑을 전하는 말들을 듣고 따라 해보세요.

위기의 순간은 늘 온다!

받아쓰기 속도가 빨라지고, 문장의 정확도도 좋아지면서 전에는 몰랐던 경험을 하게 된다. 뭐니뭐니해도 가장 좋은 변화는 집중력과 기억력이 좋아져서 전반적인 학습능력이 향상되는 것이다. 그러나 해본 사람은 알겠지만 받아쓰기에는 고충도 따른다. '어, 아는 단어인데 무슨 뜻이더라?' 하고 생각하다 정신차려 보니 녹음된 음성이 다 지나가버리는 경우가 허다하다. 또 문장은 또렷이 들리는데 무슨 뜻인지 잘 꿰지지 않는다. 뿐만 아니라 주제가 달라지면 맥을 못 춘다. 심지어 성우만 달라져도 실력이 반감된다. 어휘, 문법 등 자신의 영어실력의 맹점이 리스닝으로 죄다 드러나는 시기이기 때문이다. 사람에 따라 이 '슬럼프' 기간은 한두 달에서 길게는 6개월도 간다. 그러나 이럴 때 포기하면지금까지 들인 공이 허사가 된다. 리스닝에 지치면 기분전환으로 리딩 훈련을해보는 것도 좋다. 이 시련이 지나면 머릿속에서 들은 문장을 번역하는 속도가빨라진다. 그러다 보면 어느 순간 우리말로 번역을 하는지 안 하는지도 의식하지 않게 된다. 매개가 되는 언어에 장애를 받지 않고 정보 자체로 머리에 저장되기 때문이다. 이 수준에 이르면 산의 정상에 도달한 것인데… '좌절과 극복'을 거쳐서 '성취'에 이르는 리스닝 훈련 과정이 고단한 것만은 아니다.

1. 듣고 풀자!   DAY-21일차

청취지문은 절대로 커닝하지 말고 시험 보는 학생의 마음으로 진지하게 풀어보세요!

1) 엄마의 상태로 예상되는 것은?

a 슬프다.

b 기쁘다.

c 언짢다.

d 여유롭다.

2) Fred가 지금 식료품 가게를 가지 못하는 이유는?

a He is studying.

b He is having lunch.

c He is angry with his Mom.

d He is playing Crazy Arcade.

♠ angry with ~ ~에게 화가 난

3) What does mom want Fred to do?

a Mom wants him to clean his room.

b Mom wants him to buy some milk.

c Mom wants him not to watch TV.

d Mom wants him not to play Crazy Arcade.

♠ Crazy Arcade 컴퓨터 게임의 일종

1. 다시 듣고 해석해보자!

지문을 눈으로 읽어 내려가며 다시 한 번 집중해서 들어보세요!

Mother	Fred, can you go to the grocery store and buy a carton of milk?
Fred	Mom, can I do it later?
Mother	Why? Are you busy?
Fred	Yes, Mom. In fact I am very busy right now.
Mother	What are you doing?
Fred	I am busy playing Crazy Arcade.

엄마	프레드, 너 식료품 가게에 가서 우유 한 통 사올래?
프레드	엄마, 나중에 가도 되요?
엄마	왜? 바쁘니?
프레드	네, 엄마. 사실 저 지금 아주 바빠요.
엄마	뭐 하는데?
프레드	크레이지 아케이드 게임하느라 바빠요.

정답 1c2d3b

○ grocery store 식료품 가게   carton 종이 상자(우유, 담배), 통, 갑

2. 듣고 풀자!

청취지문은 절대로 커닝하지 말고 시험 보는 학생의 마음으로 진지하게 풀어보세요!

1) 소년에 대한 엄마의 태도는?

a 격려하고 있다.

b 비판하고 있다.

c 무시하고 있다.

d 화를 내고 있다.

2) 소년이 치과에 가기 싫어하는 이유는?

a He didn't brush his teeth this morning.

b He is afraid of pulling out his teeth.

c He has another appointment.

d He wants to play computer games instead.

▲ brush one's teeth 이빨을 닦다   instead 대신에

3) What time is the appointment?

a 10:45

b 11:30

c 10:15

d 11:15

▲ appointment 약속, 예약

2. 다시 듣고 해석해보자!

지문을 눈으로 읽어 내려가며 다시 한 번 집중해서 들어보세요!

Mother	Son, what time is your appointment with the dentist?
Boy	The appointment is at a quarter past eleven.
Mother	Don't you think you should start getting ready to leave?
Boy	I know, Mom. It is just that the doctor said he is going to pull out my teeth today.
Mother	I know you are a brave boy. You can do it.

엄마	아들아, 몇 시에 치과 예약이 되어 있지?
소년	예약은 11시 15분이에요.
엄마	출발 준비하는 게 좋지 않을까?
소년	알아요, 엄마. 단지 의사가 오늘 제 이빨을 뽑는다고 그래서요.
엄마	난 네가 용감한 소년이라고 생각한다. 넌 할 수 있어.

정답 1a2b3d

○ quarter 15분, 분기의, 4분의 1   pull out one's tooth 이빨을 뽑다

3. 듣고 풀자!

청취지문은 절대로 커닝하지 말고 시험 보는 학생의 마음으로 진지하게 풀어보세요!

1) 다음 중 사실인 것은?

a 엄마는 요리를 하는 중이었다.

b 엄마는 아들의 숙제를 돕는 중이었다.

c 아들은 조사를 하는 중이었다.

d 아들은 시험공부를 하는 중이었다.

2) 엄마가 아들에게 권하는 것은?

a To watch TV less.

b To have dinner first.

c To stop watching TV and do his homework.

d To study Science instead of watching TV.

▲ less 덜   instead of 대신에

3) What homework does the boy have?

a Math

b Science

c English

d Social studies

▲ social studies 사회

3. 다시 듣고 해석해보자!

지문을 눈으로 읽어 내려가며 다시 한 번 집중해서 들어보세요!

Mother	Do you have any homework today, Tom?
Boy	Yes, Mom. I have some Science homework.
Mother	Well, then, turn off the television and do your homework.
Boy	But I am doing my homework.
Mother	What do you mean?
Boy	My homework was to write a report on my favorite invention. I am doing some research.
Mother	Well, I think you have done enough research. Why don't you start writing that report?

엄마	톰, 오늘 숙제 있니?
소년	네, 엄마. 저 과학 숙제가 좀 있어요.
엄마	음, 그럼 TV 끄고 숙제해.
소년	하지만 전 지금 숙제하는 중이에요.
엄마	그게 무슨 말이야?
소년	제가 가장 좋아하는 과학 발명품에 대해 보고서를 쓰는 게 숙제라고요. 그래서 지금 조사하고 있는 거예요.
엄마	음, 내가 볼 땐 넌 이미 조사를 충분히 한 거 같은데. 이제 보고서를 쓰기 시작하는 게 어떠니?

정답 1c2c3b

○ invention 발명   report 보고서

듣고 받아써보자!

답안을 커닝하면 아무런 학습효과도 볼 수 없습니다. 답안을 가리고 받아쓰기에 임하세요!

1. Fred, can you go to the grocery store and buy a _____ milk?

2. Mom, can I do it _____?

3. In fact I am very busy _____.

4. I _____ Crazy Arcade.

5. The appointment is at _____ eleven.

6. Don't you think you should start _____ leave?

7. I know you are a _____ boy.

8. You _____ it.

9. Well, then, _____ the television and do your homework.

10. What do you _____?

11. I am _____ some _____.

12. Why don't you _____ that report?

바꿔 말해보자!

한글 문장들을 영어로 바꿔 말해보세요! 혹시 잘 모르겠어도 일단 용감하게 도전해보세요!

1. 너 떠날 준비를 해야 한다고 생각하지 않니?

2. 그게 무슨 말이니?

3. 전 크레이지 아케이드 게임을 하느라 바빠요.

4. 음, 그럼, TV를 끄고 숙제해.

5. 그 보고서 쓰는 걸 시작하는 게 어때?

6. 엄마, 그거 나중에 해도 되요?

7. 전 뭘 조사를 좀 하고 있어요.

8. 실은 난 지금 매우 바빠.

9. 난 네가 용감한 소년이란 걸 알아.

10. 그 예약은 11시 15분이야.

11. 프레드, 식료품 가게에 가서 우유 한 통 좀 사다 줄래?

12. 넌 할 수 있어.

정답 1 Don't you think you should start getting ready to leave? 2 What do you mean?
3 I am busy playing Crazy Arcade. 4 Well, then, turn off the television and do your
homework. 5 Why don't you start writing that report? 6 Mom, can I do it later? 7 I am
doing some research. 8 In fact I am very busy right now. 9 I know you are a brave boy.
10 The appointment is at a quarter past eleven. 11 Fred, can you go to the grocery
store and buy a carton of milk? 12 You can do it.

1) 아들은 몇 시에 집에 올 예정인가?

　a　1시
　b　6시
　c　7시
　d　8시

2) 엄마가 아들에게 권하는 것은?

　a　to come home late
　b　to come home early
　c　to stay overnight at Tom's place
　d　to watch a movie with Tom

🔺　stay overnight 하룻밤 자다

3) What is the boy going to do?

　a　He is going to do his homework.
　b　He is going to meet Tom.
　c　He is going to study.
　d　He is going out for dinner.

🔺　go out for dinner 저녁 먹으러 나가다

1. 다시 듣고 해석해보자!

지문을 눈으로 읽어 내려가며 다시 한 번 집중해서 들어보세요!

Boy	Mom, I am going out to meet Tom.
Mother	What time will you be back?
Boy	I will be back by 8 o'clock.
Mother	Your father is coming home at 7.
Boy	All right. I will be back by then.
Mother	Why don't you come back an hour before your father?
Boy	Yes, Mom.

소년	엄마, 저 톰 만나러 나가요.
엄마	몇 시에 돌아올 거니?
소년	8시까지 돌아올 거예요.
엄마	아버지는 7시에 집에 오신다더라.
소년	알았어요. 그럼 저도 그때까지 올게요.
엄마	아빠가 오시기 1시간 전에 돌아오는 게 어때?
소년	알겠어요, 엄마.

정답 1b2b3b

○ be back 돌아오다   why don't you ~? ~ 하는 게 어때?

2. 듣고 풀자!

청취지문은 절대로 커닝하지 말고 시험 보는 학생의 마음으로 진지하게 풀어보세요!

1) 다음 중 사실인 것은?

a 엄마는 David의 전화를 기다리고 있다.

b 엄마는 David에게 전화하길 원한다.

c 아들은 David가 엄마에게 전화하길 원한다.

d 아들은 David의 전화가 중요하다고 생각한다.

2) 아들이 엄마에게 비밀을 말해줄 수 없는 이유는?

a Because he can't trust his mother.

b Because he doesn't have enough time.

c Because he is afraid of David.

d Because he can't break his promise to David.

> trust 신뢰하다, 믿다   be afraid of ~ ~를 두려워하다

3) What is the boy doing?

a He is making a phone call.

b He is waiting for a call.

c He is fixing his telephone.

d He is talking on the phone.

> fix 고치다   make a phone call 전화를 걸다

2. 다시 듣고 해석해보자!

지문을 눈으로 읽어 내려가며 다시 한 번 집중해서 들어보세요!

Mother	Tim, what are you doing? You have been staring at the phone for half an hour.
Boy	Mom, I'm waiting for an important phone call.
Mother	From who?
Boy	David is supposed to call me about something.
Mother	What is it about? I am curious.
Boy	No, Mom. It is a secret between us.
Mother	Come on. You can tell your mother.
Boy	No. I can't break my promise to David.

엄마	팀, 너 뭐 하니? 30분 동안 전화를 빤히 쳐다보고 있네.
소년	엄마, 중요한 전화를 기다리고 있어요.
엄마	누구한테서?
소년	데이비드가 저한테 할 말 있다고 전화하기로 했어요.
엄마	그게 뭔데? 궁금하네.
소년	안 돼요, 엄마. 그건 우리만의 비밀이에요.
엄마	그러지 말고. 엄마한테 말해 줄 수 있잖아.
소년	안 돼요. 데이비드와의 약속을 어길 수 없어요.

정답 1d2d3b

○ stare at 빤히 쳐다보다, 응시하다   secret 비밀
 break one's promise 약속을 어기다

3. 듣고 풀자!

청취지문은 절대로 커닝하지 말고 시험 보는 학생의 마음으로 진지하게 풀어보세요!

1) 두 사람의 대화 주제는?

a 현장학습
b 생일파티
c 수학여행
d 소풍

2) 딸의 현재 심경은?

a Bored
b Disappointed
c Afraid
d Excited

▲ afraid 두려운

3) Where are they going this weekend?

a To the park
b To an amusement park
c To the computer game room
d To the zoo

▲ amusement park 놀이공원   zoo 동물원

3. 다시 듣고 해석해보자!

지문을 눈으로 읽어 내려가며 다시 한 번 집중해서 들어보세요!

Amy	Dad, why don't we go on a picnic this weekend?
Dad	Where do you want to go?
	Do you want to go to the city zoo?
Amy	No, it's boring. I want to go to the amusement park.
	Scott, my friend, told me there is a new roller coaster.
Dad	Sounds good, but you're afraid of rides.
Amy	Not any more. Now I'm grown up.
Dad	Haha, Okay, let's go to Funland, then.

에이미	아빠, 이번 주말에 우리 소풍 가요.
아빠	어디 가고 싶은데? 시립동물원에 갈래?
에이미	아뇨, 거긴 재미없어요. 놀이공원에 가고 싶어요.
	제 친구 스콧이 그러는데 롤러코스터가 새로 생겼대요.
아빠	그거 좋구나. 근데 너 놀이기구 무서워하잖아.
에이미	이제 아니에요. 이제 저도 컸다고요.
아빠	하하, 알겠다, 그럼 펀랜드로 가자.

정답 1d2d3b

- go on a picnic 소풍 가다   boring 지루한
  afraid of ~을 무서워하는   grow up 자라다. 성장하다

듣고 받아써보자!

답안을 커닝하면 아무런 학습효과도 볼 수 없습니다. 답안을 가리고 받아쓰기에 임하세요!

1. Mom, I am _____ to meet Tom.

2. What time will you _____ ?

3. I will be back _____ .

4. Why don't you _____ an hour before your father?

5. Mom, I'm _____ an important phone call.

6. David _____ call me about something.

7. It is a secret _____ .

8. I can't _____ my _____ David.

9. Dad, why don't we _____ this weekend?

10. _____ do you want to go?

11. Sounds good, but you' _____ rides.

12. Now I'm _____ .

정답 1 going out 2 be back 3 by then 4 come back 5 waiting for 6 is supposed to 7 between us 8 break/promise to 9 go on a picnic 10 Where 11 re afraid of 12 grown up

바꿔 말해보자!

한글 문장들을 영어로 바꿔 말해보세요! 혹시 잘 모르겠어도 일단 용감하게 도전해보세요!

1. 그때까지 돌아올게요.

2. 너 어디 가고 싶니?

3. 엄마, 전 중요한 전화를 기다리고 있어요.

4. 난 데이비드에게 한 약속을 어길 수 없어요.

5. 이제 저는 다 컸어요.

6. 그건 우리만의 비밀이야.

7. 엄마, 전 톰을 만나러 나갈 거예요.

8. 아빠, 우리 이번 주말에 소풍 가는 게 어때요?

9. 네 아빠가 오시기 한 시간 전에 돌아오는 게 어때?

10. 데이비드는 뭔가에 대해 나에게 전화하기로 돼 있어.

11. 너 몇 시에 돌아올 거니?

12. 좋아, 하지만 넌 놀이기구를 무서워하잖아.

정답 1 I will be back by then. 2 Where do you want to go? 3 Mom, I'm waiting for an important phone call. 4 I can't break my promise to David. 5 Now I'm grown up. 6 It is a secret between us. 7 Mom, I am going out to meet Tom. 8 Dad, why don't we go on a picnic this weekend? 9 Why don't you come back an hour before your father? 10 David is supposed to call me about something. 11 What time will you be back? 12 Sounds good, but you're afraid of rides.

1. 듣고 풀자!   DAY-23일차

청취지문은 절대로 커닝하지 말고 시험 보는 학생의 마음으로 진지하게 풀어보세요!

1) 남자가 여자에게 제안한 것은?

a 파스타를 함께 만들자.
b 요리사를 고용하자.
c 식당을 함께 운영하자.
d 다른 식당에 가보자.

2) 다음 중 사실인 것은?

a The man wants to pay for the food.
b The woman wants to pay for the man.
c The man wants to go to the restaurant with the woman.
d The woman wants to go to a Japanese restaurant.

> ▲ pay for 지불하다, 돈을 내다

3) What are they talking about?

a Their favorite foods
b An Italian restaurant
c Delicious pasta
d Italian food

> ▲ delicious 맛있는

1. 다시 듣고 해석해보자!

지문을 눈으로 읽어 내려가며 다시 한 번 집중해서 들어보세요!

Woman	This restaurant is famous for its delicious pasta.
Man	Really? I have tried it before and I didn't think it was that delicious.
Woman	You must be joking. It was the best pasta I had.
Man	Maybe you should try the Italian restaurant on Main Street. I think they serve better pasta.
Woman	Really? I will definitely check it out.
Man	Why don't we go there together?
Woman	As long as you are paying.

여자	이 레스토랑은 맛있는 파스타로 유명해.
남자	정말? 전에 먹어봤는데 그다지 맛있지 않았는데.
여자	농담하니. 내가 먹어본 파스타 중 최고던데.
남자	중심가에 있는 이탈리아 레스토랑에 한번 가봐. 내 생각엔 거기 파스타가 더 나은 거 같아.
여자	그래? 꼭 가서 확인해봐야지.
남자	우리 거기 같이 갈래?
여자	네가 산다면야.

정답 1d2c3b

○ delicious 맛있는   pasta 파스타   definitely 반드시
check out 확인하다

2. 듣고 풀자!

청취지문은 절대로 커닝하지 말고 시험 보는 학생의 마음으로 진지하게 풀어보세요!

1) 2018년 월드컵이 열리는 곳은?

a   이탈리아
b   러시아
c   프랑스
d   브라질

2) 다음 중 사실인 것은?

a   The next World Cup is going to be held in France.
b   Germany will win the next World Cup.
c   The woman is interested in soccer.
d   The woman isn't interested in soccer.

▲   be held 개최되다

3) When is the next World Cup going to take place?

a   In 2016
b   In 2018
c   In 2020
d   In 2022

▲   연도 앞에는 전치사 in이 쓰인다.

지문을 눈으로 읽어 내려가며 다시 한 번 집중해서 들어보세요!

Joe	Hey, my favorite sister! Do you know when the next World Cup is going to take place?
Sally	When?
Joe	It is going to take place in 2018. Do you know where?
Sally	Is it going to be held in France?
Joe	No, silly! It is going to take place in Russia!
Sally	I see. I am sure you can tell I'm not interested in soccer.
Joe	But the World Cup will be very exciting.

조	여동생아! 너 언제 다음 월드컵이 열리는지 알아?
샐리	언젠데?
조	2018년에 열릴 거야! 어디서인지 알아?
샐리	프랑스에서 열리나?
조	아니, 바보야! 러시아에서 열릴 거야.
샐리	알았어. 이제 오빠는 내가 축구에 관심이 없다는 것을 확실히 알겠지.
조	하지만 월드컵은 아주 재미있을 거야.

정답 1b2d3b

O take place 개최되다, 열리다

3. 듣고 풀자!

청취지문은 절대로 커닝하지 말고 시험 보는 학생의 마음으로 진지하게 풀어보세요!

1) 모레 날씨는?

a 맑을 것이다.

b 흐릴 것이다.

c 비가 내릴 것이다.

d 바람이 불 것이다.

2) 비오는 날이 적은 이유는?

a Because it's winter.

b Because it's spring.

c Because it's summer.

d Because it's fall.

winter 겨울   summer 여름   spring 봄   fall 가을

3) What's the weather forecast for tomorrow?

a It will rain.

b It will be sunny.

c It will be cloudy.

d It will snow.

cloudy 구름 낀

지문을 눈으로 읽어 내려가며 다시 한 번 집중해서 들어보세요!

Lara	What is the weather forecast for tomorrow?
Charlie	It will be sunny tomorrow.
Lara	How about the day after tomorrow?
Charlie	I think it will be sunny as well.
Lara	It seems like there are very few rainy days.
Charlie	That is because it is summer.

라라	내일 일기예보가 어떻게 되니?
찰리	내일은 맑을 거야.
라라	모레는 어때?
찰리	모레도 역시 맑을 거 같아.
라라	비 오는 날이 아주 적을 것 같네.
찰리	그건 지금이 여름이기 때문이지.

정답 1a2c3b

○ weather forecast 일기예보   the day after tomorrow 모레

듣고 받아써보자!

DAY – 23일차

답안을 커닝하면 아무런 학습효과도 볼 수 없습니다. 답안을 가리고 받아쓰기에 임하세요!

1. This restaurant is _____ its delicious pasta.

2. You must be _____ .

3. I will definitely _____ it _____ .

4. _____ you are paying.

5. Is it going to _____ in France?

6. It is going to _____ Russia!

7. I am sure you can tell I'_____ not _____ soccer.

8. But the World Cup _____ be very _____ .

9. What is the _____ for tomorrow?

10. It will be _____ tomorrow.

11. How about the _____ ?

12. It _____ like there are very few _____ days.

정답 1 famous for 2 joking 3 check/out 4 As long as 5 be held 6 take place in
7 m/interested in 8 will/exciting 9 weather forecast 10 sunny 11 day after tomorrow
12 seems/rainy

Family **201**

바꿔 말해보자!

한글 문장들을 영어로 바꿔 말해보세요! 혹시 잘 모르겠어도 일단 용감하게 도전해보세요!

1. 그건 러시아에서 개최될 거야!

2. 모레는 어때?

3. 그렇지만 월드컵은 아주 재미있을 거야.

4. 이 식당은 맛있는 파스타로 유명해.

5. 내일은 날이 맑을 거야.

6. 난 그걸 꼭 확인할 거야.

7. 비 오는 날이 아주 적은 것 같아.

8. 넌 농담하는 게 분명해.

9. 그건 프랑스에서 개최되니?

10. 내가 축구에 관심이 없다는 걸 네가 알 수 있을 거라 확신해.

11. 네가 돈을 낸다면야.

12. 내일 일기예보가 어떻게 되니?

정답 1 It is going to take place in Russia! 2 How about the day after tomorrow? 3 But the World Cup will be very exciting. 4 This restaurant is famous for its delicious pasta. 5 It will be sunny tomorrow. 6 I will definitely check it out. 7 It seems like there are very few rainy days. 8 You must be joking. 9 Is it going to be held in France? 10 I am sure you can tell I'm not interested in soccer. 11 As long as you are paying. 12 What is the weather forecast for tomorrow?

1. 듣고 풀자!   DAY-24일차

청취지문은 절대로 커닝하지 말고 시험 보는 학생의 마음으로 진지하게 풀어보세요!

1) 두 사람의 대화 주제는?

  a   월급
  b   투자
  c   저축
  d   용돈

2) 여자의 1년 계획은?

  a   She will save more money.
  b   She will invest her money.
  c   She will spend all her money.
  d   She will buy a lottery ticket every week.

> invest 투자하다

3) What does the woman want to buy?

  a   A cell phone
  b   A car
  c   A house
  d   A computer

1. 다시 듣고 해석해보자!

지문을 눈으로 읽어 내려가며 다시 한 번 집중해서 들어보세요!

Alan	Vanessa, do you have a bank account?
Vanessa	Yes, I do. I am saving money.
Alan	What do you want to buy with all the money you saved?
Vanessa	I want to buy a computer.
Alan	Isn't it expensive?
Vanessa	Yes, that is why I have to save money for one more year.
Alan	Good luck!

앨런	버네사, 너 은행계좌 있니?
버네사	응. 난 돈을 저축하고 있지.
앨런	돈을 모아서 무엇을 사고 싶어?
버네사	컴퓨터를 사고 싶어.
앨런	그거 비싸지 않니?
버네사	응, 그래서 1년 더 돈을 모아야 해.
앨런	잘되길 바란다!

정답 1c2a3d

○ bank account 은행계좌

2. 듣고 풀자!

청취지문은 절대로 커닝하지 말고 시험 보는 학생의 마음으로 진지하게 풀어보세요!

1) 여자가 남자에게 저녁을 사고자 하는 이유는?

a 지난번엔 남자가 저녁을 샀기 때문에

b 남자의 생일을 축하하고 싶기 때문에.

c 남자가 회사에서 진급했기 때문에.

d 자신이 먹고 싶은 것을 먹기 때문에.

2) 다음 중 남자의 현재 상태를 가장 잘 나타낸 것은?

a He is sad.

b He is full.

c He is on a diet.

d He is happy.

> ▲ be full 배부르다　be on a diet 다이어트 중이다

3 What does the woman want for dinner?

a Korean food

b Thai food

c Indian food

d Chinese food

> ▲ Thai 태국의　　Indian 인도의

2. 다시 듣고 해석해보자!

지문을 눈으로 읽어 내려가며 다시 한 번 집중해서 들어보세요!

Man	What would you like for dinner, Japanese food?
Woman	Why don't we have Chinese food instead of Japanese?
Man	That sounds great.
Woman	Since we are eating what I want,
	why don't I pay for dinner?
Man	That sounds even better.
Woman	But next time, you will have to buy me dinner.

남자	저녁으로 뭐 먹을까, 일식 어때?
여자	일식 대신 중식을 먹는 게 어때?
남자	그거 좋은 생각이다.
여자	내가 먹고 싶은 걸 먹으니까, 내가 저녁 살게.
남자	금상첨화지.
여자	하지만 다음번에는 네가 저녁 내야 돼.

정답 1d2d3d

○ instead 대신에

3. 듣고 풀자!

청취지문은 절대로 커닝하지 말고 시험 보는 학생의 마음으로 진지하게 풀어보세요!

1) 두 사람의 관계로 가장 적절한 것은?

   a   아버지와 딸

   b   남매

   c   승무원과 손님

   d   택시기사와 손님

2) 여자가 고마워하는 이유는?

   a   Because the man reminded her to bring her passport.

   b   Because the man bought a watch for her.

   c   Because the man is paying for her flight.

   d   Because the man is going to pick her up at the airport.

> ▲ pick up 마중 나가다, 차에 태워주다

3) Where is the woman going?

   a   To the bus station

   b   To the dock

   c   To the subway station

   d   To the airport

> ▲ dock 부두

3. 다시 듣고 해석해보자!

지문을 눈으로 읽어 내려가며 다시 한 번 집중해서 들어보세요!

Woman	My flight is at 7:30.
Man	Did you finish packing your bags?
Woman	Yes, I did.
Man	Don't forget to bring your passport along with you.
Woman	Thanks for reminding me. I knew I forgot something.
Man	No problem. You are my sister.

여자	내 비행기는 7시 반이야.
남자	짐은 다 쌌어?
여자	응.
남자	여권 챙기는 거 잊지 마.
여자	말해줘서 고마워. 뭔가 잊은 게 있는 거 같더라니.
남자	됐어. 넌 내 여동생이니까.

정답 1b2a3d

○ flight 항공편   pack 짐을 꾸리다   passport 여권   remind 상기시키다

답안을 커닝하면 아무런 학습효과도 볼 수 없습니다. 답안을 가리고 받아쓰기에 임하세요!

1. Vanessa, do you have a bank _____ ?

2. I am _____ .

3. Yes, _____ I have to save money for one more year.

4. Good _____ !

5. _____ you _____ for dinner, Japanese food?

6. Why don't we have Chinese food _____ Japanese?

7. That sounds _____ .

8. _____ , you will have to buy me dinner.

9. _____ is at 7:30.

10. Did you _____ your bags?

11. _____ bring your passport along with you.

12. _____ reminding me.

정답 1 account 2 saving money 3 that is why 4 luck 5 What would/like 6 instead of 7 even better 8 But next time 9 My flight 10 finish packing 11 Don't forget to 12 Thanks for

바꿔 말해보자!

한글 문장들을 영어로 바꿔 말해보세요! 혹시 잘 모르겠어도 일단 용감하게 도전해보세요!

1. 응, 그게 내가 1년 더 저축해야 하는 이유야.

2. 그거 훨씬 더 좋은데.

3. 우리 일식 대신 중식 먹는 게 어때?

4. 난 저축을 하고 있어.

5. 너 가방 싸는 거 끝냈니?

6. 다음번엔, 네가 나에게 저녁을 사줘야 할 거야.

7. 여권 가져오는 거 잊지 마.

8. 버네사, 너 은행계좌 있니?

9. 내 비행기는 7시 30분이야.

10. 저녁으로 뭐 먹고 싶니, 일식?

11. 행운을 빌어!

12. 상기시켜줘서 고마워.

정답 1 Yes, that is why I have to save money for one more year. 2 That sounds even better. 3 Why don't we have Chinese food instead of Japanese? 4 I am saving money. 5 Did you finish packing your bags? 6 But next time, you will have to buy me dinner. 7 Don't forget to bring your passport along with you. 8 Vanessa, do you have a bank account? 9 My flight is at 7:30. 10 What would you like for dinner, Japanese food? 11 Good luck! 12 Thanks for reminding me.

1. 듣고 풀자!　　DAY-25일차

청취지문은 절대로 커닝하지 말고 시험 보는 학생의 마음으로 진지하게 풀어보세요!

1) 크리켓이 유래된 곳은?

a 스페인
b 영국
c 덴마크
d 터키

2) 다음 중 사실인 것은?

a The man loves soccer.
b The man is playing cricket now.
c Cricket was created from baseball.
d Soccer was created from cricket.

▲ cricket 크리켓이란 영국 스포츠 게임 이외에도 귀뚜라미라는 뜻도 있음

3) What are they talking about?

a Insects
b Animals
c Reptiles
d Sports

▲ insect 곤충　reptile 파충류

1. 다시 듣고 해석해보자!

지문을 눈으로 읽어 내려가며 다시 한 번 집중해서 들어보세요!

Man	Do you know what cricket is?
Woman	What is that? Isn't it an insect?
Man	I am talking about a sports game.
Woman	I have never heard of it.
Man	It is a game from England.
	Baseball was created from cricket.
Woman	Really? I didn't know that. Do you like it?
Man	It is okay. But it is not my favorite game.
Woman	What is your favorite game?
Man	I love soccer.

남자	너 크리켓이 뭔 줄 아니?
여자	그게 뭐야? 곤충 아냐?
남자	운동경기 말하는 거야.
여자	한 번도 안 들어봤어.
남자	영국에서 유래된 게임이야. 야구는 크리켓에서 만들어졌어.
여자	정말? 그건 몰랐네. 너 그거 좋아하니?
남자	그냥 괜찮아. 근데 내가 가장 좋아하는 게임은 아니야.
여자	제일 좋아하는 게임은 뭔데?
남자	축구를 좋아해.

정답 1b2a3d

○ create 창조하다, 만들다

청취지문은 절대로 커닝하지 말고 시험 보는 학생의 마음으로 진지하게 풀어보세요!

1) 다음 중 사실인 것은?

a 여자가 남자에게 힌트를 주었다.

b 남자가 여자에게 힌트를 주었다.

c 여자는 남자의 도움을 원치 않는다.

d 남자는 여자의 도움을 원치 않는다.

2) 다음 중 남자가 언급한 행성이 아닌 것은?

a Jupiter

b Uranus

c Saturn

d Earth

Jupiter 목성   Uranus 천왕성   Saturn 토성

3) What are they talking about?

a Solar system

b Earth

c Stars

d Myths

solar system 태양계   myth 신화

2. 다시 듣고 해석해보자!

지문을 눈으로 읽어 내려가며 다시 한 번 집중해서 들어보세요!

Calvin	Mary, can you name all the planets in our Solar System?
Mary	I'm not sure. But I can try.
Calvin	Go ahead.
Mary	Well, there is Mercury, Venus, Earth, Mars and Pluto.
Calvin	Let me give you a hint.
	There are four more planets you haven't mentioned.
Mary	I can't seem to remember them.
Calvin	They are Jupiter, Saturn, Uranus and Neptune.

캘빈	메리, 너 태양계의 모든 행성의 이름을 댈 수 있어?
메리	잘 모르겠지만 한 번 해볼게.
캘빈	그래. 해봐.
메리	음, 수성, 금성, 지구, 화성 그리고 명왕성이 있지.
캘빈	내가 힌트를 줄게. 아직 네가 말하지 않은 행성이 4개 더 있어.
메리	기억이 안 날 거 같아.
캘빈	목성, 토성, 천왕성 그리고 해왕성이야.

정답 1b2d3a

● planet 행성   Mercury 수성   Venus 금성   Mars 화성
Pluto 명왕성   Neptune 해왕성

3. 듣고 풀자!

청취지문은 절대로 커닝하지 말고 시험 보는 학생의 마음으로 진지하게 풀어보세요!

1) 캠핑과 관련해 언급되지 않은 것은?

a 텐트 치기
b 식사 준비
c 구급약 준비
d 캠프파이어

2) 다음 중 사실인 것은?

a The woman loves to go camping.
b The woman doesn't think camping is fun.
c They are going to buy a tent.
d The man dislikes camping.

▲ dislike 싫어하다

3) What are they talking about?

a Camping
b Cooking
c Fire fighters
d Tents

▲ fire fighter 소방관

3. 다시 듣고 해석해보자!

지문을 눈으로 읽어 내려가며 다시 한 번 집중해서 들어보세요!

John	Betty, do you want to go camping?
Betty	Camping? Is it fun?
John	Yes, There are many things to do when you go camping.
Betty	Such as?
John	First, you get to set up a tent.
	You must also cook your own meals.
	Later you can also make a campfire.
	Doesn't it sound like fun?
Betty	Not really.

존	베티, 너 캠핑 가고 싶어?
베티	캠핑? 그거 재미있어?
존	응, 캠핑 가면 할 일이 참 많아.
베티	예를 들면?
존	우선 텐트를 쳐야 하고, 요리도 직접 해야 하지.
	그리고 나중에 캠프파이어도 할 수 있어. 재미있을 거 같지 않아?
베티	그저 그런데.

정답 1c2b3a

○ such as 예를 들어   meal 식사   make a camp fire 캠프파이어를 하다

듣고 받아써보자!

답안을 커닝하면 아무런 학습효과도 볼 수 없습니다. 답안을 가리고 받아쓰기에 임하세요!

1. I am _____ a sports game.

2. I _____ never _____ it.

3. Baseball _____ cricket.

4. What is your _____ ?

5. Mary, can you _____ all the planets in our _____ ?

6. Let me _____ you _____ .

7. There are four more planets you _____ .

8. I can't _____ remember them.

9. There are many things to do when you _____ .

10. First, you get to _____ a tent.

11. Later you can also _____ .

12. Doesn't it _____ like _____ ?

정답 1 talking about 2 have/heard of 3 was created from 4 favorite game 5 name/
Solar System 6 give/a hint 7 haven't mentioned 8 seem to 9 go camping 10 set up
11 make a campfire 12 sound/fun

한글 문장들을 영어로 바꿔 말해보세요! 혹시 잘 모르겠어도 일단 용감하게 도전해보세요!

1. 우선, 넌 텐트를 쳐야 해.

2. 야구는 크리켓에서 만들어졌어.

3. 그거 재미있을 것 같지 않니?

4. 내가 네게 힌트를 하나 주지.

5. 나중에 넌 캠프파이어도 할 수 있어.

6. 난 그걸 한 번도 들어본 적이 없어.

7. 난 그것들을 기억할 수 없을 것 같아.

8. 메리, 넌 우리 태양계 안의 모든 행성의 이름을 댈 수 있니?

9. 네가 제일 좋아하는 게임이 뭐니?

10. 난 스포츠 경기에 대해 말하는 거야.

11. 네가 아직 말하지 않은 행성이 네 개 더 있어.

12. 네가 캠핑 가면 할 일이 많이 있을 거야.

정답 1 First, you get to set up a tent. 2 Baseball was created from cricket. 3 Doesn't it sound like fun? 4 Let me give you a hint. 5 Later you can also make a campfire. 6 I have never heard of it. 7 I can't seem to remember them. 8 Mary, can you name all the planets in our Solar System? 9 What is your favorite game? 10 I am talking about a sports game. 11 There are four more planets you haven't mentioned. 12 There are many things to do when you go camping.

1. 듣고 풀자!　　**DAY-26일차**

청취지문은 절대로 커닝하지 말고 시험 보는 학생의 마음으로 진지하게 풀어보세요!

1) 다음 중 사실인 것은?

　a　여자는 남자와 함께 요리하는 중이다.

　b　여자는 남자의 요리를 싫어한다.

　c　남자는 자기 요리에 자신 없어 한다.

　d　남자는 자기 요리에 자신 있어 한다.

2) 여자가 닭고기 수프를 꺼려 하는 이유는?

　a　She doesn't like chicken soup.

　b　She can't trust the man.

　c　She is not hungry.

　d　She has a cold.

---
hungry 배고픈　　have a cold 감기에 걸리다

---

3) What is the man cooking?

　a　Spaghetti

　b　Pizza

　c　Chicken soup

　d　Steak

---
chicken soup 닭고기 수프　　steak 스테이크

---

1. 다시 듣고 해석해보자!

지문을 눈으로 읽어 내려가며 다시 한 번 집중해서 들어보세요!

Sally	Hi, Simon. Something smells nice.
	What are you cooking?
Simon	I am making some chicken soup. Would you like some?
Sally	No, thanks. I'm not hungry at the moment.
Simon	That is too bad. I am very good at making chicken soup.
Sally	Okay, then maybe just one helping.

샐리	안녕, 사이먼. 좋은 냄새가 나는데. 뭘 요리하고 있어?
사이먼	닭고기 수프 좀 만들고 있어. 좀 먹을래?
샐리	아니, 괜찮아. 지금 별로 배가 고프지 않아.
사이먼	이런 유감이네. 내가 만든 닭고기 수프는 아주 끝내주는데.
샐리	좋아, 그럼 조금만 먹어보지 뭐.

정답 1d2c3c

● at the moment 현재, 지금   one helping 한 번 먹을 만큼의 양

2. 듣고 풀자!

청취지문은 절대로 커닝하지 말고 시험 보는 학생의 마음으로 진지하게 풀어보세요!

1) 남자가 여자에게 제안한 것은?

a 요리를 하자.

b 식당에 가자.

c 다이어트를 하자.

d 생일파티를 열자.

2) 다음 중 사실인 것은?

a The woman wants to lose some weight before her birthday.

b The woman doesn't like the man.

c The woman wants to make pizza by herself.

d The woman doesn't want to go with the man.

> lose 몸무게를 빼다, 살 빼다   by oneself 혼자서, 스스로

3) Why does the woman refuse to eat pizza?

a Her father runs a pizza restaurant.

b She has no money on her.

c She is on a diet.

d Pizza is too expensive.

> refuse 거절하다, 거부하다   have no money 돈이 없다
> run 운영하다   expensive 비싼

2. 다시 듣고 해석해보자!

지문을 눈으로 읽어 내려가며 다시 한 번 집중해서 들어보세요!

Sam	Come on, Jane. Let's go grab a pizza.
Jane	I'd rather not.
Sam	Why not? I know a nice pizza restaurant downtown.
Jane	I have decided not to eat pizza from now on.
Sam	Why? Don't you like it?
Jane	Well, I feel that pizza is too oily. Besides, I am on a diet.
Sam	Why are you on a diet?
Jane	I want to lose some weight before my birthday.

샘	제인, 우리 피자 먹으러 가자.
제인	난 안 먹을래.
샘	왜 안 먹어? 내가 시내에 맛있는 피자가게를 알아.
제인	이제부터 피자 안 먹기로 결심했어.
샘	왜? 피자 싫어해?
제인	음, 피자는 너무 기름진 거 같아. 게다가 난 다이어트 중이야.
샘	왜 다이어트 하는데?
제인	생일 전에 살을 빼고 싶거든.

정답 1b2a3c

○ grab 잡다, 먹다   oily 기름진   lose some weight 몸무게를 줄이다

3. 듣고 풀자!

청취지문은 절대로 커닝하지 말고 시험 보는 학생의 마음으로 진지하게 풀어보세요!

1) 두 사람의 대화 주제는?

    a   대중교통

    b   교통 체증

    c   예의범절

    d   세대 차이

2) 다음 중 사실인 것은?

    a   The man refused to give up his seat for an elderly lady.

    b   The woman wanted to go on the subway.

    c   The man saw some people talk loud on the subway.

    d   They bumped into a friend on the subway.

> elderly 나이 든, 연장자의   bump into ~를 우연히 만나다

3) Why is the man angry?

    a   Because it's too hot.

    b   Because there were too many people on the subway.

    c   Because the woman is talking too loud.

    d   Because he met some rude people on the subway.

> subway 지하철   rude 무례한   loud 시끄러운

3. 다시 듣고 해석해보자!

지문을 눈으로 읽어 내려가며 다시 한 번 집중해서 들어보세요!

Lisa	Why do you look so angry, Jim?
Jim	Some people have no etiquette!
Lisa	What's wrong?
Jim	There were some very rude people on the subway.
Lisa	What did they do?
Jim	First, they were talking very loudly. Then they refused to give up their seats to an elderly passenger. Also, they intentionally bumped into people when getting off the train.
Lisa	Really? How rude! Who were they?

리사	짐, 너 왜 그렇게 화나 보이니?
짐	어떤 사람들은 에티켓이 없어!
리사	무슨 일이야?
짐	지하철에 아주 예의 없는 사람들이 있었어.
리사	그들이 어쨌기에?
짐	우선 너무 시끄럽게 말하더라고. 그리고 노인 분들에게 자리 양보도 안 하고 또 전철에서 내릴 때는 일부러 사람들하고 부딪치는 거 있지.
리사	정말? 정말 예의 없네! 그 사람들이 누구야?

정답 1c 2c 3d

- etiquette 예절   rude 예의 없는, 무례한
  intentionally 일부러   bump into 부딪히다

듣고 받아써보자!

답안을 커닝하면 아무런 학습효과도 볼 수 없습니다. 답안을 가리고 받아쓰기에 임하세요!

1. Something _____ nice.

2. _____ you _____ some?

3. I'm not hungry _____.

4. I ____ very _____ making chicken soup.

5. Let's _____ a pizza.

6. I have decided not to eat pizza _____.

7. Besides, I am _____.

8. I want to ____ some _____ before my birthday.

9. Some people _____ no _____!

10. Then they refused to _____ their seats to an elderly passenger.

11. Also, they intentionally _____ people when _____ the train.

12. How ____!

정답 1 smells 2 Would/like 3 at the moment 4 am/good at 5 go grab 6 from now on 7 on a diet 8 lose/weight 9 have/etiquette 10 give up 11 bumped into/getting off 12 rude

바꿔 말해보자!

한글 문장들을 영어로 바꿔 말해보세요! 혹시 잘 모르겠어도 일단 용감하게 도전해보세요!

1. 난 닭고기 수프를 아주 잘 만들어.

2. 게다가 난 다이어트 중이야.

3. 어떤 사람들은 에티켓이 없어!

4. 좀 드실래요?

5. 또 그들은 일부러 전철에서 내릴 때 사람들하고 부딪치더군.

6. 피자 먹으러 가자.

7. 정말 무례해!

8. 난 지금부터 피자를 안 먹기로 결심했어.

9. 뭔가 좋은 냄새가 나.

10. 그리고 그들은 나이 든 승객들에게 자리를 양보하는 걸 거부했어.

11. 난 지금 배가 고프지 않아.

12. 난 내 생일 전까지 살을 좀 빼고 싶어.

정답 1 I am very good at making chicken soup. 2 Besides, I am on a diet. 3 Some people have no etiquette! 4 Would you like some? 5 Also, they intentionally bumped into people when getting off the train. 6 Let's go grab a pizza. 7 How rude! 8 I have decided not to eat pizza from now on. 9 Something smells nice. 10 Then they refused to give up their seats to an elderly passenger. 11 I'm not hungry at the moment. 12 I want to lose some weight before my birthday.

226 3030 English 듣기 1탄

1. 듣고 풀자! DAY-27일차

청취지문은 절대로 커닝하지 말고 시험 보는 학생의 마음으로 진지하게 풀어보세요!

1) 다음 중 남자에 대해 사실인 것은?

a 작은 우산을 갖고 있다.

b 큰 우산을 갖고 있다.

c 우산을 빌리려 한다.

d 우산을 잃어 버렸다.

2) 다음 중 여자의 기분으로 가장 알맞은 것은?

a Disappointed

b Thankful

c Sad

d Angry

▲ thankful 감사한

3) What seems to be the woman's problem?

a She has no money.

b She doesn't have an umbrella.

c It's too hot and humid.

d She didn't bring her bag.

▲ humid 습기 찬

1. 다시 듣고 해석해보자!

지문을 눈으로 읽어 내려가며 다시 한 번 집중해서 들어보세요!

Mary	Oh no, the rain is pouring down and I don't have an umbrella.
Tom	Don't worry, Mary. Why don't we share my umbrella?
Mary	Are you sure? It looks very small.
Tom	It is a little small but it is better than not using one.
Mary	You are right. Are you going in the same direction?
Tom	No, but I can drop you off first.
Mary	Thank you. You're so sweet.

메리	오 안 돼, 비가 쏟아지는데 우산이 없네.
톰	걱정 마, 메리. 내 우산 같이 쓰자.
메리	너 괜찮겠어? 아주 작아 보이는데.
톰	좀 작지. 근데 안 쓰는 것 보다는 낫지.
메리	네 말이 맞아. 같은 방향으로 가니?
톰	아니, 근데 널 먼저 데려다줄게.
메리	고마워. 넌 정말 착해.

정답 1a2b3b

○ pour down 소나기가 내리다, 비가 쏟아지다   direction 방향
drop off 도중에 내려주다

2. 듣고 풀자!

청취지문은 절대로 커닝하지 말고 시험 보는 학생의 마음으로 진지하게 풀어보세요!

1) 소년이 현재 하고 있는 것은?

a   독서

b   게임

c   심부름

d   TV시청

2) 다음 중 사실인 것은?

a   The boy can't play the game anymore.

b   The boy will have to go to bed early today.

c   After doing his homework the boy can play the game again.

d   The boy will never be allowed to play the game again.

▲   not anymore 더 이상 ~ 아닌   be allowed to ~ ~를 허락하다

3) What does mom want the boy to do?

a   Eat dinner first.

b   Do his homework first.

c   Play the game.

d   Cook dinner.

▲   homework 숙제

2. 다시 듣고 해석해보자!

지문을 눈으로 읽어 내려가며 다시 한 번 집중해서 들어보세요!

Mom	Tom! What are you doing?
Boy	I am playing Crazy Arcade, Mom.
Mom	Don't you have any homework to do?
Boy	Yes, Mom. I have an essay to write.
Mom	Why don't you stop playing the game and do your homework?
Boy	Okay, Mom. But can I play it again after finishing my homework?
Mom	Of course. As soon as you are finished with your essay, you can play.

엄마	톰! 너 뭐 하니?
소년	크레이지 아케이드해요, 엄마.
엄마	너 숙제할 거 없니?
소년	있어요, 엄마. 리포트 쓸 게 하나 있어요.
엄마	그럼 게임 그만하고 숙제하지 그러니?
소년	알겠어요, 엄마. 근데 저 숙제 끝내고 게임 또 해도 되죠?
엄마	물론. 숙제가 끝나는 대로 게임해도 좋아.

정답 1b2c3b

○ essay 에세이, 과제물   as soon as ~하자마자

3. 듣고 풀자!

청취지문은 절대로 커닝하지 말고 시험 보는 학생의 마음으로 진지하게 풀어보세요!

1) 여자가 한국에 온 목적은?

a 출장
b 취업
c 휴가
d 학업

2) 여자가 한국에서 느끼는 감정으로 가장 적절한 것은?

a Happy
b Disappointed
c Angry
d Nervous

---

disappointed 실망한   nervous 긴장한

---

3) Where is the woman from?

a Vietnam
b Thailand
c Germany
d Canada

Vietnam 베트남   Thailand 태국

---

3. 다시 듣고 해석해보자!

지문을 눈으로 읽어 내려가며 다시 한 번 집중해서 들어보세요!

Man	Where are you from?
Woman	I am from Canada.
Man	Are you here on holiday?
Woman	Yes, it is my first visit to Korea.
Man	Great! Are you enjoying yourself?
Woman	Yes, I am. But the weather is very hot.

남자	어디 출신이세요?
여자	난 캐나다 출신입니다.
남자	여긴 휴가차 오셨나요?
여자	네, 이번이 저의 첫 번째 한국 방문입니다.
남자	잘됐네요! 즐거우신가요?
여자	네. 그런데 날씨가 너무 더워요.

정답 1c2a3d

○ be from 어디 출신이다　be on holiday 휴가 중이다

듣고 받아써보자!

답안을 커닝하면 아무런 학습효과도 볼 수 없습니다. 답안을 가리고 받아쓰기에 임하세요!

1. Oh no, the rain is _____
   and I don't have an umbrella.

2. Why don't we _____ my _____ ?

3. Are you going in the _____ ?

4. No, but I can _____ you _____ first.

5. What _____ you _____ ?

6. I have an essay _____ .

7. Why don't you _____ the game
   and _____ your _____ ?

8. _____ you are finished with your essay, you can play.

9. Where are you _____ ?

10. Are you here _____ ?

11. Are you _____ ?

12. But the _____ is very hot.

정답 1 pouring down 2 share/umbrella 3 same direction 4 drop/off 5 are/doing
6 to write 7 stop playing/do/homework 8 As soon as 9 from 10 on holiday 11 enjoying
yourself 12 weather

바꿔 말해보자!

한글 문장들을 영어로 바꿔 말해보세요! 혹시 잘 모르겠어도 일단 용감하게 도전해보세요!

1. 난 써야 할 에세이가 있어.

2. 너 같은 방향으로 가니?

3. 네가 에세이를 끝내는 대로, 게임을 해도 좋아.

4. 즐거우신가요?

5. 우리 우산 같이 쓸래?

6. 그 게임 그만하고 숙제 하지 그러니?

7. 아니, 하지만 난 널 먼저 데려다줄 수 있어.

8. 여기에 휴가차 왔나요?

9. 그런데 날씨가 너무 덥군요.

10. 오 안 돼, 비가 쏟아지는데 난 우산이 없어.

11. 너 뭐 하고 있니?

12. 어디서 왔나요?

정답 1 I have an essay to write. 2 Are you going in the same direction? 3 As soon as you are finished with your essay, you can play. 4 Are you enjoying yourself? 5 Why don't we share my umbrella? 6 Why don't you stop playing the game and do your homework? 7 No, but I can drop you off first. 8 Are you here on holiday? 9 But the weather is very hot. 10 Oh no, the rain is pouring down and I don't have an umbrella. 11 What are you doing? 12 Where are you from?

Lap**5**
Others
자, 이제 종합 표현입니다.

일상적인 표현들, 그러나 절대 소홀히
흘려버릴 수 없는 표현들을 먼저 들어보세요.
이제 듣기에 많이 익숙해지셨죠?
자신감도 넘치신다고요? 자, 그럼 Let's go!

영어로 하는 그림자 놀이도 재미있다!

받아쓰기가 혹독한 놀이라면 그림자 놀이, 영어로 shadowing은 쉽고 재밌다. 물론 정말 노는 것만큼 쉽고 재미있느냐고 묻는다면… 사실 그 정도는 아니다. '그림자'란 뜻의 shadow는 동사로 '그림자처럼 따라다니다'라는 뜻이다. 테이프에서 나오는 원어민의 말을 똑같이 따라 하는 훈련으로, 자연스럽게 단어의 강약accent과 문장의 강약intonation을 익히고, 리스닝으로 이해한 표현을 입을 통해 외울 수 있다. 단순히 국어책 읽듯 단어를 나열하는 것은 진정한 스피킹이라고 할 수 없기 때문이다. 이왕 시간과 돈을 투자해서 하는 공부이니 리스닝과 함께 스피킹 실력도 높여보자는 것이다. shadowing에는 두 가지 실천법이 있다. 먼저 따라 하는 게 익숙지 않은 단계에서는 한 문장, 또는 따라 할 수 있을 만큼만 듣고, 녹음된 음성을 정지시킨 후에 똑같이 흉내낸다. 이것을 서너 번 반복하면, 웬만한 문장 구조는 쉽게 파악되며, 반복 연습하다 보면 스스로 문장을 만들 수 있게 된다. 그다음에는 음성을 틀어놓고 성우의 말을 한 템포 뒤에서 죽 따라 하는 방법이 있다. 성우의 말과 자신의 말소리가 함께 들리기 때문에 끊어서 따라 할 때와는 달리 문장의 의미를 이해하면서 따라가기가 힘들 수도 있다. 박자를 놓쳤거나 발음이 버벅댄다 싶을 때는 한 박자 쉬고 또 따라 말하는 식으로 연습하자. 장담컨대 이렇게 하면 발음과 스피킹 실력이 놀라울 정도로 일취월장한다.

1. 듣고 풀자!   DAY-28일차

청취지문은 절대로 커닝하지 말고 시험 보는 학생의 마음으로 진지하게 풀어보세요!

1) 두 사람이 부른 Smith의 별명은?

    a   턱수염

    b   대머리

    c   선장

    d   해적

2) Smith에 대한 사실과 다른 하나를 고르시오.

    a   He has a mustache.

    b   He has a beard.

    c   He is bald.

    d   He has a long brown hair.

> bald 대머리

3) What does Mr. Smith look like?

    a   He has a long blond hair.

    b   He has a mustache and a beard.

    c   He wears glasses.

    d   He is very fat.

> mustache 콧수염   beard 턱수염

1. 다시 듣고 해석해보자!

지문을 눈으로 읽어 내려가며 다시 한 번 집중해서 들어보세요!

Cindy	Barry, do you remember Mr. Smith?
Barry	Yes, didn't he have a mustache?
Cindy	No, I think he only had a beard.
Barry	Wait a minute. I think he had both.
Cindy	You must be right!
	We used to call him Mr. Smith, the pirate.
Barry	In fact, he was bald as well.

신디	배리, 너 스미스 씨 기억나니?
배리	응, 그 사람 콧수염 있지 않았나?
신디	아니, 내가 알기론 턱수염만 있었어.
배리	잠깐만. 내가 생각하기로는 둘 다 있었던 것 같은데.
신디	네 말이 맞는 거 같다! 우린 그를 해적 스미스라고 부르곤 했잖아.
배리	사실, 그는 대머리기도 했지.

정답 1d2d3b

○ pirate 해적   in fact 사실   as well 게다가, ~도

2. 듣고 풀자!

청취지문은 절대로 커닝하지 말고 시험 보는 학생의 마음으로 진지하게 풀어보세요!

1) 여자가 길 찾기에 대해 남자에게 충고한 것은?

a 지도를 사용해라.

b 사람들에게 물어봐라.

c 자동차를 이용해라.

d 휴대폰을 이용해라.

2) 남자가 가려고 하는 곳은?

a Incheon City

b City Hall

c Airport

d City Bank

City Hall 시청

3) Why does the woman like the subway?

a . Because it's slow.

b Because it's convenient.

c Because it's fast and cooling.

d Because it's cheap.

---

convenient 가까운, 편리한

2. 다시 듣고 해석해보자!

지문을 눈으로 읽어 내려가며 다시 한 번 집중해서 들어보세요!

Man	Do you like taking the subway?
Woman	Yes, it is fast and very cooling.
Man	By the way, do you know how to get to City Hall?
Woman	Just get off at City Hall station.
Man	Thank you.
Woman	If you cannot find your way,
	be sure to ask someone at the station.

남자	너 전철 타는 거 좋아하니?
여자	응, 전철은 빠르고 아주 시원하잖아.
남자	그런데, 너 시청까지 어떻게 가는 줄 알아?
여자	그냥 시청역에서 내려.
남자	고마워.
여자	길을 못 찾겠거든, 꼭 역에서 아무에게나 물어봐.

정답 1b2b3c

○ subway 전철　　how to get to~ ~에 가는 방법　　get off 내리다

3. 듣고 풀자!

청취지문은 절대로 커닝하지 말고 시험 보는 학생의 마음으로 진지하게 풀어보세요!

1) 남자에 대한 여자의 생각으로 예상되는 것은?

    a   자상하다.

    b   예의가 없다.

    c   재미있다.

    d   지루하다.

2) 다음 중 사실인 것은?

    a   The man wants to sell an umbrella to the woman.

    b   The woman has two umbrellas.

    c   The woman doesn't need an umbrella.

    d   The woman will borrow an umbrella from the man.

▲ sell 팔다   need 필요하다

3) What's the weather like?

    a   It's sunny.

    b   It's snowing.

    c   It's cloudy.

    d   It's raining.

▲ cloudy 구름 낀

3. 다시 듣고 해석해보자!

지문을 눈으로 읽어 내려가며 다시 한 번 집중해서 들어보세요!

Sally	Oh dear! It's raining!
Mr. Kim	What's wrong? Don't you have an umbrella?
Sally	No, Mr. Kim. I forgot to bring along my umbrella.
Mr. Kim	Why don't I lend you mine?
Sally	Do you mind if I returned it to you the day after tomorrow?
Mr. Kim	Sure, that's fine.

샐리	오 이런! 비가 오네!
김 선생님	뭐가 문제니? 너 우산 없니?
샐리	네, 김 선생님. 우산 가지고 오는 걸 깜빡했어요.
김 선생님	내 것을 빌려줄까?
샐리	제가 내일모레 돌려드려도 괜찮을까요?
김 선생님	그럼, 괜찮아.

정답 1a2d3d

○ umbrella 우산   Do you mind if ~? ~해도 될까요?   return 돌려주다

답안을 커닝하면 아무런 학습효과도 볼 수 없습니다. 답안을 가리고 받아쓰기에 임하세요!

1. No, I think he only had a _____.

2. Wait _____.

3. I think he had _____.

4. We _____ him Mr. Smith, the pirate.

5. Do you like _____ the _____?

6. Yes, it is _____ and very _____.

7. By the way, do you know _____ City Hall?

8. Just _____ at City Hall station.

9. It's _____ !

10. I forgot to _____ my umbrella.

11. _____ I lend you mine?

12. _____ if I returned it to you the day after tomorrow?

정답 1 beard 2 a minute 3 both 4 used to call 5 taking/subway 6 fast/cooling
7 how to get to 8 get off 9 raining 10 bring along 11 Why don't 12 Do you mind

바꿔 말해보자!

한글 문장들을 영어로 바꿔 말해보세요! 혹시 잘 모르겠어도 일단 용감하게 도전해보세요!

1. 너 전철 타는 거 좋아하니?

2. 그런데 넌 시청까지 어떻게 가는지 알고 있니?

3. 우린 그를 해적 스미스라고 부르곤 했지.

4. 비가 와!

5. 내가 그걸 너에게 모레 돌려줘도 괜찮겠니?

6. 아니, 난 그가 턱수염만 있었다고 생각해.

7. 내 우산을 챙겨오는 걸 깜박했어.

8. 내 생각엔 그는 둘 다 있었던 것 같아.

9. 시청역에서 내리기만 하면 돼.

10. 내가 네게 내 것을 빌려주면 어떨까?

11. 잠깐만.

12. 응, 그건 빠르고 아주 시원해.

정답 1 Do you like taking the subway? 2 By the way, do you know how to get to City Hall? 3 We used to call him Mr. Smith, the pirate. 4 It's raining! 5 Do you mind if I returned it to you the day after tomorrow? 6 No, I think he only had a beard. 7 I forgot to bring along my umbrella. 8 I think he had both. 9 Just get off at City Hall station. 10 Why don't I lend you mine? 11 Wait a minute. 12 Yes, it is fast and very cooling.

1. 듣고 풀자!   DAY-29일차

청취지문은 절대로 커닝하지 말고 시험 보는 학생의 마음으로 진지하게 풀어보세요!

1) 여자가 남자의 첫 번째 충고를 받아들이지 않은 이유는?

     a   날씨가 나빠서.

     b   너무 멀어서.

     c   돈이 없어서.

     d   시간이 없어서.

2) 다음 중 사실인 것은?

     a   The woman will go to the station by bicycle.

     b   The man will give the woman a ride.

     c   The woman will walk to the station.

     d   The woman will take a bus.

> ▲ bicycle 자전거   give a ride (차를) 태워주다

3) How far is the subway station?

     a   It's about 5km away.

     b   It's about 10km away.

     c   It's about 2km away.

     d   It's about 20km away.

> ▲ away 먼, 멀리 떨어진

1. 다시 듣고 해석해보자!

지문을 눈으로 읽어 내려가며 다시 한 번 집중해서 들어보세요!

Woman	How far is it from here to the subway station?
Man	It is about 2km away.
Woman	Do you think I could walk there?
Man	Yes, but it would take a long time.
	Why don't you take a bus to the station?
Woman	I can't. I have no money.
Man	Why don't I lend you my bicycle?
Woman	Thank you. I am very grateful.

여자	여기서 전철역까지 얼마나 머니?
남자	2킬로미터 정도 되지.
여자	거기까지 걸어갈 수 있을까?
남자	응, 그런데 시간이 오래 걸릴 거야. 역까지 버스 타는 게 어때?
여자	안 돼. 돈이 없어.
남자	내가 자전거 빌려줄까?
여자	고마워. 정말 고맙다.

정답 1c2a3c

○ subway station 전철역　　lend 빌려주다　　grateful 감사한

2. 듣고 풀자!

청취지문은 절대로 커닝하지 말고 시험 보는 학생의 마음으로 진지하게 풀어보세요!

1) 두 사람의 관계로 가장 적절한 것은?

a   손님과 점원

b   의사와 환자

c   경찰과 범인

d   엄마와 아들

2) 다음 중 사실인 것은?

a   Mrs. Kim can go bowling.

b   Mrs. Kim's arm is broken.

c   Mrs. Kim's arm isn't broken.

d   Mrs. Kim is a professional bowler.

🔺 bowler 볼링 하는 사람, 볼링선수

3) What happened to Mrs. Kim?

a   She hurt her leg.

b   She hurt her arm.

c   She caught a cold.

d   She broke her finger.

🔺 cold 감기   finger 손가락

2. 다시 듣고 해석해보자!

지문을 눈으로 읽어 내려가며 다시 한 번 집중해서 들어보세요!

Doctor	Does your arm hurt when you move it, Mrs. Kim?
Mrs. Kim	Yes, a little. Do you think it is broken?
Doctor	No, I am sure it is not broken.
	A broken arm would be more painful.
Mrs. Kim	Thank goodness. I have to go bowling next week.
Doctor	I don't know if you should do that.

의사	김 여사님, 팔 움직일 때 아프세요?
김 여사	네, 조금이요. 혹시 부러진 거 같아요?
의사	아뇨, 확실히 부러지진 않았어요. 팔 골절은 더 많이 아프죠.
김 여사	천만다행이네요. 다음 주에 볼링 치러 가야 되거든요.
의사	그러셔도 될지 모르겠습니다.

정답 1b2c3b

O hurt 아프게 하다, 다치게 하다   painful 통증이 있는, 아픈
  go bowling 볼링 치러 가다

3. 듣고 풀자!

청취지문은 절대로 커닝하지 말고 시험 보는 학생의 마음으로 진지하게 풀어보세요!

1) 이 대화의 장소로 가장 적절한 곳은?

a 상점
b 은행
c 학교
d 우체국

2) 다음 중 사실인 것은?

a She can exchange her TV.
b She has a receipt.
c She will have to pay extra.
d She doesn't have a receipt.

▲ extra 여분의

3) What's the woman's problem?

a She wants to buy a new TV.
b She wants to exchange her TV.
c The TV is too expensive.
d She wants to buy a bigger TV.

▲ problem 문제   expensive 비싼

지문을 눈으로 읽어 내려가며 다시 한 번 집중해서 들어보세요!

Man	May I help you?
Woman	Yes, I'm afraid this TV I bought here yesterday doesn't work. I want to exchange it with another one.
Man	Do you have a receipt?
Woman	Oh, no, I must have lost it.
Man	I am sorry. If you do not have a receipt you cannot exchange your item.

남자	도와드릴까요?
여자	예, 어제 여기서 구입한 텔레비전이 작동을 안 해요. 다른 것으로 교환하고 싶어요.
남자	영수증 있으세요?
여자	오, 아니오, 잃어버린 거 같은데요.
남자	죄송합니다. 영수증이 없으면 이 물건은 교환이 안 됩니다.

정답 1a2d3b

○ exchange 교환하다   receipt 영수증, 계산서   item 품목, 물건

듣고 받아써보자!

답안을 커닝하면 아무런 학습효과도 볼 수 없습니다. 답안을 가리고 받아쓰기에 임하세요!

1. _____ is it from here to the subway station?

2. It is about _____.

3. Yes, but it would _____ long _____.

4. Why don't you _____ to the station?

5. A _____ arm would be more _____.

6. Thank _____.

7. I have to _____ next week.

8. I don't know _____ you _____ that.

9. _____ I help you?

10. I want to _____ it _____ another one.

11. Do you have a _____?

12. I _____ it.

정답 1 How far 2 2km away 3 take a/time 4 take a bus 5 broken/painful 6 goodness
7 go bowling 8 if/should do 9 May 10 exchange/with 11 receipt 12 must have lost

바꿔 말해보자!

한글 문장들을 영어로 바꿔 말해보세요! 혹시 잘 모르겠어도 일단 용감하게 도전해보세요!

1. 천만다행이네요.

2. 제가 도와드려도 될까요?

3. 응, 하지만 그건 시간이 오래 걸릴 거야.

4. 부러진 팔은 더 아플 거예요.

5. 난 그걸 잃어버린 게 분명해.

6. 여기서 전철역까지 얼마나 먼가요?

7. 전 당신이 그렇게 해도 될지 모르겠네요.

8. 난 그걸 다른 것과 교환하고 싶어.

9. 역까지 버스를 타지 그래?

10. 너 영수증 있니?

11. 그건 약 2킬로미터 떨어져 있어.

12. 전 다음 주에 볼링을 치러 가야 해요.

정답 1 Thank goodness. 2 May I help you? 3 Yes, but it would take a long time.
4 A broken arm would be more painful. 5 I must have lost it. 6 How far is it from here
to the subway station? 7 I don't know if you should do that. 8 I want to exchange it
with another one. 9 Why don't you take a bus to the station? 10 Do you have a receipt?
11 It is about 2km away. 12 I have to go bowling next week.

1. 듣고 풀자! DAY-30일차

청취지문은 절대로 커닝하지 말고 시험 보는 학생의 마음으로 진지하게 풀어보세요!

1) 여자가 남자에게 요구한 것은?

a 수표
b 도장
c 통장
d 신분증

2) 이 대화의 장소로 가장 적절한 곳은?

a At a bank
b At a hotel
c At an apartment
d At an office

---

hotel 호텔　office 사무실

---

3) What does the man want to do?

a He wants to deposit some money.
b He wants to open a bank account.
c He wants to close his bank account.
d He wants to withdraw some money.

---

deposit 예금하다　withdraw 인출하다

---

1. 다시 듣고 해석해보자!

지문을 눈으로 읽어 내려가며 다시 한 번 집중해서 들어보세요!

Woman	May I help you, sir?
Man	Yes, I would like to withdraw some money.
Woman	Could you please fill out this form please?
Man	No problem. Do I have to sign my name?
Woman	Yes, sir. Please show me your identification card.

여자	도와드릴까요, 선생님?
남자	네, 돈을 좀 출금하고 싶어요.
여자	이 양식을 작성해주시겠어요?
남자	그럼요. 제 이름을 서명해야 하나요?
여자	네, 선생님. 신분증 좀 보여주세요.

정답 1d2a3d

O fill out 양식을 작성하다   identification card 신분증

2. 듣고 풀자!

청취지문은 절대로 커닝하지 말고 시험 보는 학생의 마음으로 진지하게 풀어보세요!

1) 브라운 가에 가는 방법은?

a 교차로까지 직진해서 좌회전

b 교차로까지 직진해서 우회전

c 좌회전 후 교차로까지 직진

d 우회전 후 교차로까지 직진

2) 다음 중 사실인 것은?

a The woman is going to Brown Street.

b The woman is giving directions to the man.

c The woman is teaching the man.

d They are crossing the road.

▲ direction 방향   cross the road 길을 건너다

3) What does the man want to do?

a He wants to go to the University of Michigan.

b He wants to get to Brown Street.

c He wants to buy a cross.

d He wants to go to Fifth Avenue.

▲ get to 도착하다, ~에 가다   cross 십자가

2. 다시 듣고 해석해보자!

지문을 눈으로 읽어 내려가며 다시 한 번 집중해서 들어보세요!

Man	Excuse me, how do I get to Brown Street?
Woman	Walk straight to the intersection and turn right.
Man	Thank you very much.
Woman	Don't mention it.
Man	Oh, by the way, is there a crosswalk at the intersection?
Woman	Yes, you can use the crosswalk.

남자	실례합니다, 브라운 가에 어떻게 가나요?
여자	교차로까지 가서 오른쪽으로 가세요.
남자	정말 감사합니다.
여자	괜찮습니다.
남자	아, 그런데요, 교차로에 횡단보도가 있나요?
여자	예, 횡단보도로 건널 수 있어요.

정답 1b2b3b

○ intersection 교차로   crosswalk 횡단보도

3. 듣고 풀자!

청취지문은 절대로 커닝하지 말고 시험 보는 학생의 마음으로 진지하게 풀어보세요!

1) 여자에 대한 남자의 생각으로 예상되는 것은?

  a 유쾌하다.
  b 친절하다.
  c 엄격하다.
  d 인색하다.

2) 다음 중 사실인 것은?

  a The man will get a speeding ticket.
  b The man will get a parking ticket.
  c The woman will arrest him.
  d The woman will give him a warning.

> speeding ticket 과속위반 딱지   warning 경고

3) What did the man do wrong?

  a He drove too fast.
  b He had a car accident.
  c He was in a non-parking area.
  d He drove through a stop sign.

> car accident 자동차 사고   stop sign 멈춤 표지판

지문을 눈으로 읽어 내려가며 다시 한 번 집중해서 들어보세요!

Police officer	Good afternoon, can I see your driver's license please?
Man	What's wrong, officer?
Police officer	This is a no parking spot.
Man	I am sorry. But the parking lot was already full.
Police officer	Really? Okay, this time I will let you go with just a warning. Next time I will give you a ticket.
Man	Thank you, officer. You have been very kind.

경찰관	안녕하십니까, 운전면허증 좀 볼 수 있을까요?
남자	무슨 문제가 있나요, 경찰관님?
경찰관	여긴 주차 장소가 아닙니다.
남자	미안합니다. 그런데 주차장은 이미 꽉 차 있었어요.
경찰관	그래요? 좋습니다. 이번에는 그냥 경고만 하고 보내드립니다. 다음에는 딱지를 떼겠습니다.
남자	감사합니다, 경찰관님. 아주 친절하시네요.

정답 1b2d3c

○ driver's license 운전면허증   officer 경찰관, 공무원
  parking lot 주차장   ticket (교통 위반) 딱지

답안을 커닝하면 아무런 학습효과도 볼 수 없습니다. 답안을 가리고 받아쓰기에 임하세요!

1. Yes, I would like to _____ some _____.

2. _____.

3. Do I _____ my name?

4. Please show me your _____.

5. Excuse me, how do you _____ Brown Street?

6. _____ to the intersection and turn right.

7. Don't _____ it.

8. Yes, you can use the _____.

9. Good afternoon, can I see your _____ please?

10. But the parking lot _____ already _____.

11. Okay, this time I will _____ you _____ with just a warning.

12. _____ I will give you a ticket.

정답 1 withdraw/money 2 No problem 3 have to sign 4 identification card 5 get to 6 Walk straight 7 mention 8 crosswalk 9 driver's license 10 was/full 11 let/go 12 Next time

바꿔 말해보자!

한글 문장들을 영어로 바꿔 말해보세요! 혹시 잘 모르겠어도 일단 용감하게 도전해보세요!

1. 신분증 좀 보여주시겠어요?

2. 그런데 주차장은 이미 꽉 찼어.

3. 천만에요.

4. 응, 난 돈을 좀 인출하고 싶어.

5. 교차로까지 직진해서 걸어간 다음 우회전하세요.

6. 안녕하세요, 운전면허증 좀 볼 수 있을까요?

7. 제가 서명해야 하나요?

8. 다음번엔 당신에게 딱지를 끊을 거예요.

9. 문제없습니다.

10. 실례합니다, 브라운 가에 어떻게 가나요?

11. 좋습니다, 이번엔 그냥 경고만 드리고 보내드리죠.

12. 네, 횡단보도를 이용하시면 됩니다.

정답 1 Please show me your identification card. 2 But the parking lot was already full. 3 Don't mention it. 4 Yes, I would like to withdraw some money. 5 Walk straight to the intersection and turn right. 6 Good afternoon, can I see your driver's license please? 7 Do I have to sign my name? 8 Next time I will give you a ticket. 9 No problem. 10 Excuse me, how do I get to Brown Street? 11 Okay, this time I will let you go with just a warning. 12 Yes, you can use the crosswalk.